Charlotte Tann-Hochberg
Wie ich meine schreckliche Angst vor Spinnen verlor
Meine einfache und schnelle Therapie

Charlotte Tann-Hochberg

Wie ich meine schreckliche Angst vor Spinnen verlor

Bibliographische Information der Deutschen Nationalbibliographie Die Deutsche Nationalbibliothek verzeichnet diese Publikation in der Deutschen Nationalbibliographie; detaillierte bibliographische Daten sind im Internet über dnb.d-nb.de abrufbar.

Impressum:
©2016 Charlotte Tann-Hochberg
Herstellung und Verlag: BoD - Books on Demand, Norderstedt
1. Auflage, Deutschland, Oktober 2016
ISBN: 9783741273131

Inhalt

Einleitung 7

Meine Geschichte 11

    Die Phobie 23

    Die Ursachen 27

    Die Symptome 29

    Was passiert im Kopf? 33

Das Fass läuft über 39

Was kann mir helfen? 41

Konfrontationstherapie? Nein, Danke 43

Traditionelle, uralte Heilmethoden? 47

Meine Therapie 53

Die Befreiung 73

Interessante Links 79

Einleitung

Ich hatte nichts zu verlieren!

Entweder die Therapie würde funktionieren, oder eben nicht. Falls nicht, müsste ich bis an mein Lebensende weiter leiden; falls sie aber doch von Erfolg gekrönt wäre, käme es einem Befreiungsschlag gleich. Es wäre ein Gefühl wie neugeboren, ein Gefühl unendlicher Freiheit. Frei! Wie sehr ich mir das wünschte. Endlich nicht mehr besessen von dieser quälenden Phobie, die mich so viele Jahre bzw. Jahrzehnte schwer beeinträchtigt hat. Die jeden Tag mein Leben bestimmte, tagsüber verschiedene Handlungen erforderte und mich immer wieder nachts in Albträumen quälte. Diese Phobie – und das ist leider das Wesen dieser psychischen Störung – die sich von Jahr zu Jahr verstärkte und schlimmer wurde, beherrschte mich und war nicht in den Griff zu bekommen. Wie auch? Im Falle einer „Attacke" war der Kopf vollkommen ausgeschaltet, Denken wurde unmöglich. Die unglaublichen körperlichen Reaktionen liefen von selbst ab und ich konnte nichts, aber rein gar nichts dagegen tun.

Um es vorwegzunehmen – ich habe es letztlich getan und die von mir hier beschriebene, auf den ersten Blick ungewöhnliche, Therapie gemacht. Und ich habe gewonnen. Ich habe mein Leben zurück. Ich bin frei…

Liebe Leserin, lieber Leser,

da Sie dieses Büchlein gekauft oder geschenkt bekommen haben, werden Sie ebenfalls (noch) an dieser spezifischen Phobie leiden. Aus eigener leidvoller Erfahrung weiß ich nun, dass es manchmal schon schwirig ist, das entscheidende Wort nur zu lesen (ja, das gibt es und nicht-Betroffene können sich das überhaupt nicht vorstellen). Ich will daher im Weiteren versuchen, vollständig auf das geschriebene Wort, um das es hier geht, zu verzichten. Auf dem Titel lässt es sich natürlich nicht vermeiden, aber hier innerhalb des Textes spreche ich im Folgenden nur noch von unserer „spezifischen Phobie". Sie und ich wissen, um welches Tier es dabei geht (schon die Anfangsbuchstaben sind ja gleich).

Ich erzähle Ihnen meine Geschichte und wie ich meine schreckliche Angst letztlich verlor. Ich gehe dabei davon aus, dass Sie ebenfalls eine „echte" Phobie haben, diese also nicht irgendwie krankheitsbedingt ist. Ein Indiz dafür, dass es sich möglicherweise um eine körperlich (und nicht psychisch) ausgelöste Phobie handelt, könnte sein, dass diese erst vor Kurzem aufgetreten ist und nicht bereits über einen längeren Zeitraum schlimmer und schlimmer wurde. Möglicherweise könnte dann nämlich auch eine Schilddrüsenfehlfunktion die Ursache für Ihre phobischen Ängste sein. Das ist zwar eher selten, aber denkbar. Leider können manchmal auch eine Depression oder Schizophrenie eine solche Phobie verursachen. Dann allerdings muss dringend ein Facharzt konsultiert werden.

Mit großer Wahrscheinlichkeit haben Sie aber – wie ich auch – über die Jahre hinweg eine echte Phobie entwickelt, denn ich kann mir auf der anderen Seite nicht vorstellen, dass jemand, der erst seit Kurzem darunter leidet, bereits Hilfe in Büchern sucht. Sollten Sie sich selbst allerdings nicht ganz sicher sein, lassen Sie vielleicht von Ihrem Arzt erst klären, ob Ihre Phobie nicht auch organische Gründe haben könnte.

Jedenfalls bitte ich Sie, dass Sie meine Geschichte und vor allen Dingen die Schilderung meiner Therapie ganz offen, unvoreingenommen, unbefangen und wertfrei lesen. Bestenfalls sind Sie danach motiviert, die Methode selbst auszuprobieren. Sie haben ja ebenfalls nichts zu verlieren, aber alles zu gewinnen!

Können Sie sich noch an die Zeit erinnern, als Sie noch nicht von dieser schrecklichen Angst besessen waren? Möchten Sie nicht auch wieder in diesen Zustand zurückversetzt werden? Ich habe es mir so sehr erhofft und tatsächlich – es hat wunderbar funktioniert.

Ich würde mir sehr wünschen, dass es Ihnen genau so geht wie mir und dass Sie nach kürzester Zeit ebenfalls von dieser unglaublich schrecklichen Angst befreit sind. Bitte glauben Sie mir, ich schreibe dieses Büchlein, um Ihnen zu helfen. Ich möchte das, weil mir geholfen wurde und weil ich jetzt weiß, welchen wunderbar einfachen Weg es gibt, nie mehr unter dieser Phobie leiden zu müssen.

Aber egal wie Sie sich entscheiden, d.h. auch wenn Sie der Auffassung sind, die von mir beschriebene und mit Erfolg angewandte Therapie käme für Sie nicht in Frage:

Ich wünsche Ihnen in jedem Falle für Ihren weiteren Weg – raus aus der Phobie – alles, alles Gute!

Herzlichst

Charlotte Tann-Hochberg

Meine Geschichte

Die Ursachen meiner spezifischen Phobie kenne ich genau. In erster Linie bin ich nämlich bereits familiär geprägt. Mein Vater hatte keine Probleme mit diesen Tierchen, entfernte sie aber auf Wunsch meiner Mutter aus der Wohnung, falls sich einmal eines dorthin verirrte. Meine älteren Brüder taten es ihm gleich und konnten problemlos damit umgehen.

Meine Mutter selbst litt ebenfalls bereits stark an unserer spezifischen Phobie und als mein Vater – leider viel zu früh – verstarb, war sie es, die die achtbeinigen Eindringlinge aus unserer Wohnung entfernen musste. Im Gegensatz zu meinem Vater machte sie viel Tamtam, schrie zunächst auch beim Anblick, wurde hektisch, holte einen Besen, später auch den Staubsauger und rückte, unter größter Furcht, dem Angstobjekt zu Leibe. Meine etwas ältere Schwester und ich (damals noch sehr klein), ahmten letztlich nur dieses Verhalten nach. Es musste ja etwas ganz Gefährliches sein, wenn unsere Mutti schrie und panisch wurde. Und so wurden wir es eben auch.

Verstärkt wurde das Ganze durch meinen ältesten Bruder. Er stellte früh fest, dass er über ein ganz einfaches Mittel verfügte, wenn er seine kleinen Schwestern zum Kreischen und Wegrennen bringen wollte. Wir spielten damals viel in unserem begrünten Hinterhof und schnell fand sich unter irgendeinem Stein ein geeignetes „Objekt".

Er nahm es gerne auf die Handfläche, bedeckte es mit seiner anderen Hand und hielt es dadurch gefangen. Dann tat er so, als hätte er etwas besonders Hübsches, Schönes in der Hand und wenn ich dann mein neugieriges Näschen darüber hielt, öffnete er seine Hände und ich war schockiert und rannte weg. Mein Bruder rannte feixend hinterher. Es war schrecklich.

So lange ich noch zu Hause lebte, war nun also meine Mutter diejenige, die sich um „das Problem" kümmerte. Mit 18 zog ich von zu Hause aus, allerdings gleich mit meinem ersten Freund zusammen, später dann mit meinem Ehemann. Auch in diesen Jahren hatte ich nichts damit zu tun; die entsprechenden Männer hatten in „Notsituationen" zum Mörder zu werden.

Erst als ich nach meiner Scheidung mit meiner kleinen Tochter zusammen eine eigene Wohnung bewohnte, kam ich selbst in die Verlegenheit, eindringendes Getier entfernen zu müssen. Irgendwie gelang es mir auch, wobei ich niemals zum Besen griff, sondern stets und ausschließlich gleich zum Staubsauger. Immerhin hatte das den Vorteil, dass anschließend die ganze Wohnung extrem gründlich gesaugt wurde. Man hörte ja immer wieder, dass das Aufsaugen allein nicht reichte, um dem Angstobjekt endgültig den Garaus zu machen. Obwohl ich nicht wirklich daran glaubte, hielt ich mich sicherheitshalber an die Regel, anschließend noch lange weiterzusaugen.

Insofern taugte ich, wie seinerzeit meine eigene Mutter, hervorragend als Negativbeispiel für meine kleine

Tochter, die ebenfalls sehr schnell meine Verhaltensweisen – kreischen, panisch werden, nach Möglichkeit wegrennen – adaptierte und ihrerseits rasch „unsere spezifische Phobie" entwickelte.

Als ich einige Jahre später meinen zweiten Mann kennenlernte und mit ihm zusammenzog, hatte ich dann Gott sei Dank wieder jemanden, dem ich diese in meinen Augen schreckliche Aufgabe zuweisen konnte. Er hatte auch viel Verständnis und erledigte die Aufträge, wann immer sie nötig waren.

Leider wurden meine Ängste trotzdem über die Jahre immer schlimmer.

Dabei hatte im Übrigen auch die Filmindustrie ihren nicht unerheblichen Anteil.

Zum einen gibt es natürlich Filme, die sich nur und ausschließlich mit dem Thema befassen. So etwas würde ich mir allerdings nie anschauen, habe das bisher auch nicht getan. Mit einer Ausnahme: Als ich Kind war, Anfang der 70er, da war es meiner Schwester und mir eine Freude, wenn unsere Mutti vor dem Fernseher auf dem Sofa einschlief. Wir, die wir längst im Bett liegen sollten, schlichen dann aus dem Schlafzimmer heraus und so leise wie möglich ebenfalls vor den Fernseher. Wir sahen uns alles an, egal, Hauptsache fernsehen. Das war für uns seinerzeit das Größte (man muss dazu erwähnen, dass es nur drei Programme gab und die Übertragung erst am Nachmittag begann, dafür gegen Mitternacht wieder zu Ende war. Vorher und nachher lief nur „Schnee" über die Bildfläche).

Jedenfalls war es so ein Abend, als meine Mutti eingeschlafen war, ich war vielleicht sieben, acht Jahre alt. Im Fernsehen lief der Horrorfilm „Tarantula". Wir wussten mit diesem Wort nichts anzufangen, es war auch egal, wie gesagt, Hauptsache fernsehen. Deshalb haben wir zugesehen, jedenfalls in Teilen. Wir Schwestern saßen nämlich neben unserer schlafenden Mutter auf dem Sofa und pressten uns beide bei den entscheidenden Stellen vor Angst ein Kissen vor Augen und Mund. Zum einen wollten wir nichts sehen, zum anderen bestand die Gefahr, zu schreien und die Mutter zu wecken. Trotz dieser großen Furcht lugten wir aber vor lauter Neugier seitlich am Kissen vorbei doch immer wieder auf die Mattscheibe und sahen dabei Dinge, die wir besser nicht gesehen hätten. Ich weiß noch genau, wie ich danach vor lauter Angst die halbe Nacht nicht schlafen konnte.

Nach heutigen Maßstäben würde man sich vor diesem Film wahrscheinlich nicht mehr allzu sehr gruseln, zu einfach und simpel war die Technik und die filmischen Tricks. Aber mich hat dieser Film zusätzlich nachhaltig geprägt.

Leider gibt es viele Hollywood-Schinken, die zur „Verstärkung" des Angstfaktors auf die größte Art unseres Angstobjektes zurückgreifen. So kommen beispielsweise bei „Kevin allein zu Haus", aber auch bei dem ersten mit Menschen verfilmten „Asterix & Obelix" – eigentlich zwei Komödien – die ganz großen Achtbeiner zum Einsatz. Tatsächlich gibt es auch viele Leute, die sich halb totlachen, wenn sich wiederum andere übermäßig vor diesen Tieren fürchten. Bei meinem Bruder war es ja ähnlich, er hatte außerordentlichen Spaß an den extremen Reaktionen seiner Schwestern. Meist kommt in Filmen eine entsprechende Szene dann auch noch plötzlich und unvermutet und natürlich immer in Großaufnahme. Für uns Phobiker eine echte Qual.

Bei sämtlichen Grusel- und Vampirfilmen kommt unser Angstobjekt ebenfalls zum Einsatz. Das kommt auch nicht von ungefähr; die Filmindustrie weiß eben, dass diese Tiere bei extrem vielen Menschen den Gruselfaktor noch erhöhen oder Angst und Panik auslösen. Sobald in einem Spielfilm ein Terrarium mit unserem Angstobjekt gezeigt wird, meistens am Anfang und in einer harmlosen Einstellung, schalte ich den Film ab, denn mit an Sicherheit grenzender Wahrscheinlichkeit wird das Tier aus dem Terrarium ausbüxen oder mit Absicht herausgenommen und im weiteren Verlauf noch eine ganz entscheidende, angsteinflößende Rolle spielen. Anderenfalls wären ein eher beiläufiges Zeigen und der Hinweis auf die Existenz des Terrariums samt Inhalt für den Film nicht notwendig.

Eine weitere Herausforderung für Phobiker (jedenfalls war es das für mich) ist die Jahr für Jahr in immer größerem Ausmaß wiederkehrende Halloween-Dekoration in den Geschäften. Unser Angstobjekt spielt dabei die Hauptrolle. In allen Größen und Materialien und – leider – mit immer natürlicherem Aussehen, manchmal sogar beweglich, liegen und hängen sie in den Geschäften, im Supermarkt und Discounter und besonders häufig in Läden wie Xenos und NanuNana, die eigentlich Geschenkartikel und Wohnaccessoires anbieten (übrigens sind die meisten Kunden dieser Läden weiblich). Schon manches Mal bin ich zutiefst erschrocken vor den doch recht realistischen Deko-Achtbeinern.

Ich hätte meine Phobie daher gerne getauscht:

Wenn jemand beispielsweise eine Schlangenphobie hat, so ist es – meiner Meinung nach – wahrscheinlich relativ einfach, seinem Angstobjekt aus dem Weg zu gehen. Schlangen dürften uns, zumindest hier in Deutschland, eher selten begegnen. Ein Schlangenphobiker muss sich daher maximal vorher an seinem Urlaubsort erkundigen, ob es dort Nattern etc. in freier Natur gibt und entsprechende Wanderziele meiden. Ebenso wird er Amphibien-Ausstellungen und die entsprechenden Abteilungen der Zoogeschäfte meiden.

Bei einer Katzenphobie sieht es schon etwas anders aus. Katzen begegnen einem auch schon einmal – wenngleich auch selten – auf der Straße (auf dem Land natürlich häufiger, als in der Großstadt). Möchte man beispielsweise neue Bekannte besuchen, wird man sicherlich vorher in Erfahrung gebracht haben, ob die neue Bekanntschaft Katzen im Haus hat, oder nicht. Vor Abbildungen von Katzen kann man sich im Alltag leider kaum schützen; diese finden sich allerorten.

Hundephobiker haben es schon weitaus schwerer, denn Hunden begegnet man allenthalben. Sie werden überall hin mitgeführt, auf der Straße, in Geschäften, in öffentlichen Verkehrsmitteln und oft auch in Bars und

Restaurants. Oft werden sie auch – trotz in der Regel bestehenden Leinenzwangs – unangeleint mitgeführt. Ein Phobiker wird daher wahrscheinlich auch Wälder, Parks und Grünanlagen meiden, was bereits eine erhebliche Einbuße an Lebensqualität bedeutet.

Meine Schwester litt, neben ihrer bereits erwähnten und mit diesem Büchlein besprochenen spezifischen Phobie, auch an einer panischen Angst vor Hunden. Sie hatte als Kleinkind ein traumatisches Erlebnis mit einer Dogge und sollte die nächsten gut 40 Jahre nicht mehr davon loskommen. Sie wechselte die Straßenseite, wenn sie von weitem einen Hund herannahen sah, hatte selbstverständlich keinerlei Hundehalter in ihrem Bekanntenkreis, schickte Leute vor, die in Restaurants oder Cafés erst prüfen mussten, ob irgendwo ein Hund anwesend war etc. etc. Ich selbst liebte und liebe Hunde und habe mir irgendwann selber einen angeschafft. Diesen kannte meine Schwester nun seit der Welpenzeit, aber trotzdem durfte er ihr nicht zu nahekommen. Sie hat wirklich gelitten, wenn ich mit meinem Bärli in der Nähe war. Es war zwar nicht so schlimm, wie bei fremden Hunden, aber trotzdem war es für sie schwer. Ich habe es dann auch vermieden, sie mit dem Hund zu besuchen.

Vermeidungsstrategien sind bei „unserer spezifischen Phobie" nun noch um Einiges aufwendiger. Selbstverständlich werden wir alle Fliegengitter vor den Fenstern haben. Bei Balkon- oder Terrassentüren ist es schon schwieriger, die Fliegennetze halten oftmals nicht richtig an den Seiten, wenn man mehrfach hindurchgegangen ist.

Bei mir führte dies jedenfalls in den letzten Jahren zu einem regelrechten Kontrollzwang. Wann immer mein Mann auf unsere Terrasse oder von der Terrasse zurück in die Wohnung trat, musste ich hinterhergehen und nachsehen, ob das Fliegennetz auch wieder ordentlich schloss. Bei starkem Wind oder Sturm löste es sich auch gerne einmal von der Haltevorrichtung ab. Häufig geschah dies nachts und wenn ich es mitbekam, konnte ich anschließend nicht mehr einschlafen. Eigentlich hätte ich dann aufstehen und es wieder befestigen müssen, aber nachts in die Nähe der Tür zur dunklen Terrasse zu gehen, bedeutete viel zu große Gefahr, dort auf genau das zu treffen, was meine Phobie auslöste. Also blieb ich stets liegen und malte mir aus, wer oder was gerade über unseren Boden kriecht. An Schlaf war dann oft nicht mehr zu denken.

Abends musste ich zudem zunächst jeden Raum kontrollieren, bevor ich ihn betrat. Ich blieb immer im Türrahmen stehen und „scannte" blitzschnell mit den Augen die Decke, jede Ecke und die Wände ab. Dann tat ich ein paar Schritte in die Mitte des Raumes und drehte mich zur Tür um, um nachzusehen, ob etwa über dem Türrahmen etwas zu finden sei, was dort nicht hingehörte.

Obwohl meine Augen in den letzten Jahren immer schlechter wurden, konnte ich angstauslösende Tierchen in jedem Winkel erkennen, egal wie klein.

Dieses Ritual wiederholte sich mehrfach täglich. Wenn ich nachts rausmusste (und das war und ist leider in jeder Nacht notwendig), knipste ich mein Nachttischlämpchen an und ging zunächst noch etwas schlaftrunken zur Toilette. Beim Zurückkehren ins Schlafzimmer erfolgte dann stets wieder der „Scanvorgang", bevor ich mich wieder ins Bett legen konnte.

Einer meiner Angstorte war auch unser Waschkeller, den ich jede Woche aufsuchen musste. Dort hatte ich bereits einmal eine „größere" Begegnung und seitdem fiel es mir sehr schwer, den Raum zu betreten. Schon das Lichtanmachen war jedes Mal ein Problem; es könnte ja etwas auf dem Schalter sitzen, den man zunächst im Dunkeln ertasten muss.

Im vorletzten Herbst waren wir bei Freunden zu einer Scheunenparty eingeladen. Sie hatten sich ein altes, kleines Gut gekauft und es wurde Einweihung gefeiert. Etwas so Romantisches hatte ich selten gesehen; ein wunderschönes Bauernanwesen und eben diese, mit einem großen Torbogen versehene alte Scheune, in der prima Feste gefeiert werden konnten. Tische und Bänke waren um einen großen Feuertopf herum aufgebaut, alles war wunderschön dekoriert, es war sehr stimmungsvoll. Als wir ankamen, war es noch hell und ich konnte verstohlen kontrollieren, ob irgendwo ... Aber es war nichts zu sehen. Nun ja, es war ja auch noch nicht die Zeit der „Bewegung". Als es aber dunkel wurde (es war Ende September und schon gegen acht Uhr war es stockfinster), hielt ich es nicht mehr aus. Gerade als die Feier eigentlich erst richtig losging, das Feuer loderte, Kinder und Hunde herumsprangen, die Erwachsenen sichtlich Spaß hatten und sich auf gegrillte Kartoffeln am Spieß freuten, mussten wir gehen. Ich konnte nicht mehr. Mir war klar, dass in einer solchen Scheune überall Getier in den Ritzen sitzt und bei Dunkelheit wach wird. Für alle anderen war es ein großes Freudenfest, für mich der absolute Horror. Nachdem wir gegangen waren, warf ich von weitem noch einen wehmütigen Blick zurück auf die Runde. Inzwischen saßen alle auf dem Boden (für mich undenkbar) rund um das Feuer und hielten ihre Stöcke mit den aufgespießten Erdäpfeln in die Glut. Alle waren sichtlich entspannt und glücklich, nur ich fand erst zu Hause wieder Ruhe.

Überhaupt konnte ich mich abends ganz schlecht in irgendwelchen Gärten oder Biergärten aufhalten. Die Menschen um mich herum liebten – gerade im Sommer – das lauschige Sitzen unter freiem Himmel, mit Kerzen oder bunten Glühlampen, gutem Essen, gutem Wein und guten Gesprächen. Rein theoretisch liebte ich es ja auch, rein praktisch war es mir aber nicht möglich. Ich weiß ja nicht, was sich aus den vorhandenen Pflanzen oder Baldachinen irgendwelcher Zelte oder Pergolen abseilt oder den Weg unter den Tisch findet, wo meine Füße stehen. Irgendwann hatte ich daher so oft aus (tatsächlich) fadenscheinigen Gründen Einladungen abgesagt, dass wir überhaupt nicht mehr erst eingeladen wurden. Der Beginn der sozialen Isolation, ausgelöst von kleinen, harmlosen Tieren.

Mein Mann träumt von einem kleinen Häuschen oder wenigstens einer großen ebenerdigen Wohnung mit eigenem Garten irgendwo im Grünen. Wichtig ist ihm dabei allein der Garten. Aber schon die Vorstellung, dass wir nur am Wochenende dort sein würden und in der Woche alles Mögliche an Krabbelgetier das Haus „bewohnt" jagte mir Schauer über den Rücken. Ich bin Stadtmensch und auch ich habe Sehnsucht nach dem Landleben (der Städter romantisiert das ja gerne), aber schon bei dem Gedanken, was alles in dem Garten lebt und bei nassem Wetter und im Herbst in unserem Haus Unterschlupf suchen könnte, wurde mir schlecht. Unsere Terrasse in der ersten Etage reichte mir ja schon und zwang mich zu den täglichen Fliegengitter-Kontrollen (ich argumentierte natürlich immer damit, dass ich nur aufpassen wollte, dass keine Mücke hineinkommt). Mein Mann hielt es für zwar für völlig übertrieben, aber gestochen werden wollte er auch nicht. Jedenfalls fand ich tausend Gründe, die absolut gegen ein – selbst nur am Wochenende gelebtes – Leben auf dem Land sprachen und die mein Mann gefälligst zu akzeptieren hatte. Dass hinter alledem ausschließlich meine bescheuerte Phobie steckte, sagte ich ihm nicht.

Insgesamt hatte ich in den letzten Jahrzehnten zahllose „Begegnungen" mit den Achtbeinern, mal mehr, mal weniger schlimm, aber allen ist gemein, dass die Orte, an denen einmal ein Angstobjekt saß, für mich „verbrannt" waren. Wann immer ich an der entsprechenden Stelle vorbeikam, musste ich zwanghaft dort wieder hinschauen. Und das nicht etwa nur abends, wie es beim täglichen

Scanvorgang der Fall war. Die Stellen, an denen einmal ein Achtbeiner saß, begutachtete ich zu jeder Tageszeit, immer und immer wieder. Ich erwartete geradezu, am selben Platz wieder dasselbe Tierchen zu entdecken.

Das war eine enorme Einschränkung des täglichen Lebens. Ich war oft – vor allen Dingen wiederum im Herbst – sehr unkonzentriert, bzw. zu sehr mit den Gedanken an die Phobie und meinen Kontrollgängen beschäftigt, da mit jeder Begegnung Jahr für Jahr immer mehr „verbrannte Orte" zusammenkamen.

Ich habe in all den Jahren wirklich sehr gelitten. Richtig verstanden hat mich diesbezüglich nur meine Schwester, die für mich zwar eine Leidensgenossin war, aber leider keine Hilfe sein konnte. Und ich nicht für sie.

Die Phobie

Du musst Deinen Feind kennen, um ihn zu besiegen!

(Sunzi, chines. Philosoph, um 540 v. Chr.)

Irgendwann wollte ich unbedingt wissen – zumindest in groben Zügen – wie die Phobie entsteht, wie sie sich äußert und was dabei im Gehirn passiert. Ich wollte wissen, warum ich so drastisch reagierte und ob das bzw. eigentlich ob ich noch „normal" war.

Ich habe dazu viel recherchiert und erlaube mir, an dieser Stelle meine diesbezüglichen Ergebnisse wiederzugeben – in meinen laienhaften einfachen Worten und ohne Anspruch auf einen wissenschaftlich fundierten Hintergrund:

Das Gefühl der Angst ist ein für Mensch und Tier wichtiger Schutzmechanismus des Körpers, es ist unsere psychische „Alarmanlage". Angst schärft die Sinne und leitet in tatsächlichen oder vermeintlichen Gefahrensituationen ein bestimmtes, angemessenes Verhalten ein, so z.B. die Flucht oder die Vorbereitung auf die Gegenwehr. Gäbe es das Gefühl der Angst nicht, wären wir Menschen längst ausgestorben. Der Säbelzahntiger und andere gefährliche Tiere hätten uns frühzeitig den Garaus gemacht.

Sowohl bei Mensch und Tier wird die Gefühlszentrale im Hirn möglichst der Flucht den Vorzug geben, da diese einfacher und ungefährlicher ist, als sich einer – in der Regel nicht exakt einzuschätzenden – Bedrohung zu stellen. Vorsorglich ist jedenfalls diese unsere „Alarmanlage" relativ empfindlich eingestellt. Leider kommt es dadurch aber gelegentlich auch zu einem „Fehlalarm".

Normalerweise reagieren unser Gehirn und in der Folge auch unser Körper allerdings auf angstauslösende Situationen durchaus angemessen.

Erst wenn durch die Angst Kontrollverluste oder Lähmungen ausgelöst werden, spricht der Psychologe von einer „Angststörung". Ist diese Angst an ein bestimmtes Objekt oder eine bestimmte Situation gebunden, spricht man von einer „Phobie".

Die Angststörung (auch als *phobische Störung bezeichnet*) ist dabei zunächst ein Sammelbegriff für zahlreiche psychische Störungen, bei denen entweder eine übertriebene unspezifische Angst oder aber eine konkrete Furcht (spezifische Phobie) vor einem Objekt bzw. einer Situation besteht und eine der Situation *angemessene* Angst fehlt. Anders herum: Bei der Angststörung reagiert der Betroffene in der Regel vollkommen *unangemessen*, d.h. er über-reagiert. Auch die Panikstörung, bei der die Ängste zu regelrechten Panikattacken führen, zählt zu den Angststörungen, genauso wie Hypochondrie und viele andere.

Neben der generalisierten Angststörung, d.h. der diffusen Angst mit Anspannung, Besorgnis und Befürchtungen über alltägliche Ereignisse und der sog. Panikstörung (abrupt auftretende Angstattacken, die nicht auf ein spezifisches Objekt oder eine spezifische Situation bezogen sind) dürfte die spezifische Phobie am häufigsten vertreten sein. Dies schon deshalb, weil die meisten Menschen mit spezifischer Phobie ein unglaublich ausgeklügeltes Vermeidungsverhalten etabliert haben und die Umwelt häufig gar nichts von der vorhandenen Phobie weiß. Die Dunkelziffer dürfte daher extrem hoch sein. Viele Betroffene schämen sich zudem für ihre Angst, die ja in der Tat eine psychische Störung ist. Wer gibt schon gerne zu, dass er „psychisch gestört" ist? Ich wollte das jedenfalls nicht, mir war das hochgradig peinlich.

Spezifische Phobien sind nun entweder situationsbezogen (z.B. Tunnelangst, Fahrstuhlangst, Angst mit dem Bus zu fahren etc.) oder können sich auf bestimmte Gegenstände oder Tiere beziehen. Tierangst dürfte dabei wiederum am weitesten verbreitet sein (schon allein, weil es so viele Tiere gibt) und innerhalb dieser Unterart steht „unsere spezifische Phobie" an erster Stelle. Bei unserer Phobie sind übrigens Frauen weitaus häufiger betroffen als Männer, wobei Männer ebenso stark darunter leiden können. Insgesamt schätzt man, dass nahezu jede dritte (!) Frau mehr oder weniger größere Probleme mit „unserem Angstobjekt" hat.

Das ist ein enormer Anteil. Gäbe es eine Pille, die man nur zu schlucken brauchte und von dieser Phobie befreit wäre – ihr Erfinder würde sich eine goldene Nase verdienen. Allerdings bleibt eine solche Arznei ein Traum.

Erstaunlich finde ich deshalb, dass die nachfolgend von mir beschriebene Methode nicht längst bekannter ist und dass sich nicht längst in weiteren Kreisen herumgesprochen hat, wie schnell und einfach es sein kann, sich von der Phobie zu befreien. Zwar haben RTL und auch „Der Spiegel" bereits darüber berichtet, allerdings ist das schon wieder etliche Jahre her. Kämen solche Berichte regelmäßig und in kürzeren Abstände, so müsste wahrscheinlich niemand mehr unter „unserer spezifischen Phobie" leiden.

Ich wünsche jedenfalls jedem Betroffenen, dass er es auch ausprobiert. Wie gesagt:

Man hat nichts zu verlieren, aber alles zu gewinnen!

Die Ursachen

Es gibt viele verschiedene Ursachen, die eine Phobie auslösen können:

Häufig handelt es sich um eine „erlernte" Phobie. Der Betroffene lernt, dass eine zuvor normale Situation plötzlich Angst auslöst. Nehmen wir zum Beispiel einen Reiter, der vom Pferd gefallen ist. Das eigentlich schöne Erlebnis Reiten wird ab diesem Zeitpunkt in Verbindung zu einer Gefahr gebracht. Wenn der Reiter nicht sofort wieder aufsteigt, wird er möglicherweise später nicht mehr den Mut aufbringen und es künftig angstvoll vermeiden.

Oder es bleibt eine Person in einem möglicherweise kleinen Fahrstuhl stecken und muss lange auf ihre „Rettung" warten. Vielleicht wird die Luft stickig, der Betroffene fühlt sich mehr und mehr gefangen. So kann sich eine Klaustrophobie (Raumangst, umgangssprachlich auch Platzangst genannt) entwickeln oder aber die generelle Angst vor dem Fahrstuhlfahren. Nach diesem Erlebnis wird der Betroffene dann die Treppe nehmen. Zu groß ist die Sorge, erneut steckenzubleiben.

Durch sich anschließende dauerhafte Vermeidungsreaktionen aber hält sich das Angstgefühl weiter aufrecht, setzt sich fest und verstärkt sich immer mehr. Wenn der Angstgeplagte dann an die entscheidende Situation denkt, wird er irgendwann möglicherweise auch körperliche Reaktionen zeigen, etwa Zittern und Schwitzen. Dies wiederum führt immer tiefer in die Angst und kann sich schließlich zur Phobie entwickeln.

Es muss aber noch nicht einmal zwingend einen Auslöser geben: Kinder übernehmen nämlich häufig – quasi als Nachahmung – auch einfach die Ängste der Eltern. Wenn also z.B. die Mutter Angst vor Krabbeltieren hat, so ist es wahrscheinlich, dass auch das Kind diese Angst „erben" wird. Wer von klein auf erlebt, dass die Mutter beim Anblick eines Angstobjektes aufschreit und wegrennt oder starr vor Schreck ist, der wird dieses Verhalten nachahmen. Das hängt mit dem Urvertrauen der Kinder zusammen: Wenn Mama schon so ängstlich reagiert, dann muss es sich ja um eine gefährliche Situation handeln. Viele von „unserer spezifischen Phobie" Betroffene haben es schlicht von der eigenen Mutter übernommen, so war es auch bei mir. Aber Gott sei Dank weiß ich jetzt, dass auch das umkehrbar ist.

Die Symptome

Die Symptome bei einer phobischen Attacke, d.h. der Begegnung mit dem Angstobjekt oder der Angstsituation sind äußerst vielfältig. Generell treten folgende Symptome am häufigsten auf:

- starke innere Anspannung
- Zittern, Schweißausbrüche
- Herzrasen, Beklemmung
- Schwindelgefühle, verschwommenes Sehen
- Atemnot, Druckgefühl in der Brust
- Panik, Todesangst, Ohnmacht

Während der Angst, d.h. bei Gefahr- und Stresssituationen schüttet der Körper das Stresshormon Adrenalin aus. Dieses erhöht den Herzschlag und sorgt dafür, dass die Muskulatur besser mit Sauerstoff versorgt wird. Das ist wichtig, um den Körper auf einen Kampf oder eine Flucht vorzubereiten und entspricht dem ureigenen Lebenserhaltungstrieb bei Mensch und Tier. Erfolgt daraufhin aber keine Aktion in Form von Kampf oder Flucht, so kann nach ca. 15 Sekunden eine sog. Angststarre (umgangssprachlich auch Schockstarre) eintreten, bei der das bedrohte Lebewesen weder fliehen noch kämpfen kann. Es erstarrt sprichwörtlich vor Angst. Dabei sinkt der Herzschlag wieder, die Muskeln versteifen sich und die Kontrolle über die Körperfunktionen lässt spürbar nach. Die Angststarre soll in Gefahrensituationen das Überleben sichern und tut das sicherlich auch. Man denke nur an Rehkitze oder junge Kaninchen, die bei bestimmten Gefahren absolut bewegungslos hocken bleiben, um von möglichen Feinden nicht wahrgenommen zu werden.

Bei unserer spezifischen Phobie werden die meisten Betroffenen zur Flucht neigen, jedenfalls dann, wenn sie wissen, dass eine weitere Person in der Nähe ist, die das Angstobjekt „kontrollieren" und beseitigen kann.

Was mein Leben in den letzten vier Jahrzehnten im Zusammenhang mit meiner Phobie am meisten beeinträchtigt hat, waren zum einen der bereits erwähnte Kontrollzwang, zum anderen aber auch die bei mir auftretenden Symptome im Falle einer „Begegnung":

1. Es begann stets mit einem schrillen Aufschrei (aber so laut, dass ich fürchten musste, die Nachbarn rufen irgendwann die Polizei).

2. Dann musste ich sofort flüchten. Weglaufen konnte man das aber nicht nennen, eher rückwärts wegstolpern und dabei Möbel oder Türrahmen rammen (zahlreiche blaue Flecken erinnerten mich auch Tage danach an eine solche Attacke).

3. Dabei raste mein Herz und klopfte mir bis zum Hals. Ich hatte oftmals Angst, im nächsten Moment tot umzufallen.

4. Zeitgleich schossen mir wahre Sturzbäche an Tränenflüssigkeit aus den Augen (interessanterweise sah ich danach aber nie „verheult" aus).

5. Ich zitterte am ganzen Körper und musste mich – in sicherer Entfernung – irgendwo festhalten.

6. Danach musste ich mich ewig auszuheulen, es war ein regelrechter Weinkrampf. Dabei schüttelte es mich immer wieder durch und es dauerte sehr lange, bis ich mich wieder einigermaßen beruhigt hatte.

7. Und über allem stand immer die Sorge: „Hilfe, ich werde verrückt". Oder war ich es schon?

Vorgenannter Ablauf geschah, wenn noch eine andere Person in der Nähe war (meistens mein Mann). Falls ich alleine war, sah es etwas anders aus:

1. Der spitze Schrei wie vor.

2. Eine kurze Angststarre unter Beobachtung des Objekts. Das Weitere hing vom Verhalten des Objekts ab.

a) Bewegte es sich am Boden, suchte ich etwas, mit dem ich es erschlagen konnte. Es musste auf jeden Fall vermieden werden, dass das Tier irgendwie in Ecken oder unter Möbel gelangte, wo es sich verstecken konnte.

b) Befand sich das Angstobjekt an Wand oder Zimmerdecke, holte ich in Windeseile den Staubsauger und schaltete ihn ein. Dann näherte ich mich dem Objekt mit dem Staubsaugerrohr, und zwar sehr langsam, damit es sich nicht fallen ließ und wieder die Möglichkeit bestünde, unter Möbeln zu verschwinden. Dann saugte ich es ein.

In beiden Fällen war ich von stärksten Ekelgefühlen erfüllt.

3. Mein Herz raste und klopfte mir bis zum Hals. Ich hatte oft Angst, im nächsten Moment tot umzufallen.

Nach der Tötung des Objekts folgten dann die weiteren Reaktionen, wie oben unter 4 bis 7 beschrieben.

Im Falle des Einsaugens saugte ich selbstverständlich während der Phasen 4 bis 7 weiter, manchmal bis zu einer Stunde lang, rein vorsorglich.

Es war fürchterlich!

Was passiert im Kopf?

Auch das wollte ich unbedingt wissen, denn es schien mir leichter, etwas gegen meine Reaktionen zu tun, wenn mir klar wäre, was eigentlich genau – und warum – passiert.

Unser Gehirn ist derart komplex und die dortigen chemischen Vorgänge inzwischen sehr gut (wenngleich auch noch längst nicht in ihrer Gänze) erforscht. Ich habe mich im Zusammenhang mit meiner Phobie viel damit beschäftigt. Eine konkrete wissenschaftliche Erklärung, wo genau bei einem Phobiker der „Fehler im System" liegt, habe ich zwar nicht gefunden, aber im Ansatz kann ich es jetzt nachvollziehen:

Unser Gehirn besteht aus mehreren Gehirnteilen, die evolutionsgeschichtlich unterschiedlich alt sind. Dazu gehören Hirnstamm, Kleinhirn, Mittelhirn und Großhirn.

Der älteste Teil ist der sog. Hirnstamm. Er verschaltet und verarbeitet eingehende Sinneseindrücke und ist für ausgehende motorische Handlungen ebenso wie für lebensnotwendige Steuermechanismen verantwortlich, über die wir nicht nachdenken müssen. (z.B. Atmung, Herzkreislauf, Verdauung und Fortpflanzung). Gleiches gilt für reflexartige Mechanismen (Öffnen und Schließen der Augenlider, Schlucken, Husten etc.)

Im angrenzenden Kleinhirn werden (nicht nur, aber ganz vereinfacht ausgedrückt) sämtliche Bewegungsabläufe koordiniert.

Im Zwischenhirn, das wiederum aus verschiedenen Teilen besteht, laufen die Sinneseindrücke und die motorischen Signale zu den Bewegungsabläufen zusammen und werden von dort zum Großhirn weitervermittelt.

Im Großhirn schließlich sitzt (unter anderem) unser Gedächtnis. Dort finden sich Milliarden von Nervenzellen.

Interessant ist für Phobiker hauptsächlich das dort ebenfalls befindliche sog. limbische System bzw. konkret die „Amygdala". Dieses relativ kleine Gebiet, das wegen seiner Form auch Mandelkern genannt wird, ist wesentlich an der Entstehung der Angst beteiligt.

Die Amygdala (eigentlich korrekt im Plural: Amygdalae, denn es gibt zwei – auf jeder Hirnseite eine) ist unser „Angstzentrum" und spielt die Hauptrolle bei der emotionalen Bewertung und Wiedererkennung von Situationen sowie der Analyse möglicher Gefahren. Sie verarbeitet externe Impulse (Sinneseindrücke) und leitet die vegetativen und motorischen Reaktionen dazu ein. Sie vergleicht dazu in Lichtgeschwindigkeit bereits im Gehirn vorhandene und als Erinnerung gespeicherte Fakten mit der aktuellen Situation und zieht daraus ihre Schlüsse.

Die Arbeit des Mandelkerns stelle ich mir stark vereinfacht ungefähr so vor:

Ich befinde mich auf einem Gehweg und höre hinter mir ein langsam näherkommendes Fahrrad. Der Sinneseindruck (das Hören) wird zur Amygdala weitergeleitet und dort bewertet. Dies könnte so aussehen: Bürgersteig = sicher, Fahrrad = langsam, Gefahr insgesamt = sehr gering, aber Zusammenstoß möglich. Mein Gehirn erteilt daher den Bewegungssystemen den Befehl „zur Seite gehen". So wird es geschehen und ich werde, ohne groß darüber nachzudenken und ohne mein Gehtempo zu verändern, zur Seite gehen und das Fahrrad passieren lassen.

Jetzt befinde ich mich auf der Straße, direkt auf der Fahrbahn, die ich überqueren will. Ich sehe einen schnell herannahenden PKW auf mich zukommen. Die Amygdala verarbeitet nun diesen Sinneseindruck (das Sehen) und bewertet ihn als „Gefahr". (Straße = für Fußgänger gefährlich, Auto = hat große Geschwindigkeit, Gefahr insgesamt = sehr hoch, Zusammenstoß könnte tödlich enden).

Mein Alarmsystem springt an, mein Herzschlag wird erhöht, Adrenalin wird ausgestoßen, mein Bewegungsapparat wird jetzt dazu aufgefordert schneller zu werden und ich laufe den Rest der Strecke über die Fahrbahn zum sicheren Gehsteig auf der anderen Seite. Auch das geschieht mehr oder minder automatisch, ohne dass ich mich hinterher erinnern könnte, darüber irgendwie groß nachgedacht zu haben.

Bezogen auf Tiere könnte der Ablauf folgendermaßen aussehen:

Auf einer Flussaue treffe ich bei einem Spaziergang auf eine Schafherde. Ich werde mich recht unbefangen dort bewegen, die Tiere vielleicht interessiert beobachten oder aber ignorieren und bin weder aufgeregt noch angespannt. Meine Amygdala bewertet grasende Schafe als völlig ungefährlich. Nun kommt aber plötzlich der zur Herde gehörige Schäferhund rasch auf mich zugelaufen, allerdings ist in diesem Moment vom Schäfer selbst weit und breit nichts zu sehen. Der zuständige Teil in meinem Hirn bewertet diese Situation nun als „gefährlich". Angst macht sich breit, meine Warnsysteme springen wieder an, der Herzschlag erhöht sich, ich bin vollkonzentriert, meine Muskeln sind angespannt und bereit, notfalls eine Flucht einzuleiten. Ich werde den Hund nicht mehr aus den Augen lassen, bis Entwarnung eingetreten ist.

Wie der Körper reagiert, kommt also immer auf die „Bewertung" einer Situation durch diesen Mandelkern an. Über diese Abläufe muss man nicht aktiv nachdenken, sie funktionieren automatisch.

Bei uns Phobikern liegt offenbar aber an dieser Stelle „der Hase im Pfeffer", denn die hereinkommende Information über die Sinne (z.B. das Angstobjekt sehen) wird **nicht mehr** durch die Amygdala **bewertet**. Vielmehr „schrillen sofort alle Alarmglocken" und es erfolgt unmittelbar der Befehl an die vegetativen Systeme und das Kleinhirn, sich so zu verhalten, als stünde die größtmögliche Gefahr bevor, quasi der Super-GAU. Aus irgendwelchen Gründen scheint bei einem Phobiker der Weg der Sinneseindrücke zur Amygdala bei der Konfrontation mit seinem Angstobjekt oder seiner Angstsituation **blockiert**. Wäre dieser wichtige Umweg nicht versperrt, müsste unser Gehirn sinnvollerweise bei unserer spezifischen Phobie feststellen: Tier = acht Beine, Größe = in Relation zum Menschen winzig, Gefährlichkeit = Null (zumindest in Westeuropa. Hier gibt es keine giftigen Arten dieser Spezies). Die vom Objekt ausgehende Gesamtgefahr würde die Amygdala mit „nicht vorhanden" bewerten müssen, wenn sie denn die Gelegenheit hätte, dieses zu tun. Hier muss also die Blockade liegen. Wir alle, die wir betroffen sind, wissen ganz genau, dass uns unser Angstobjekt nicht gefährlich werden kann. Wir alle wissen, dass im Gegenteil das hässliche Tier mehr Angst vor uns hat, als es umgekehrt sein müsste. Wir wissen das alles, aber wir sind nicht mehr in der Lage, im Falle einer Begegnung diese Situation richtig einzuordnen, denn der in unserem Kopf dafür zuständige Teil ist in einem solchen Moment irgendwie „außer Betrieb". Deshalb ist jede körperliche Reaktion, die daraufhin erfolgt, nicht mehr durch uns beeinflussbar. Vielmehr folgt „unser System" seinem naturgegebenen Lebenserhaltungstrieb und das bedeutet eben entweder Flucht oder aber Schockstarre.

Wir können also überhaupt nichts dafür, wenn wir beim Anblick unseres Angstobjektes vollkommen die Kontrolle verlieren, überreagieren und ausrasten. Gutgemeinte Worte von unseren Mitmenschen, „Die tut Dir nichts", „Die ist so klein und ganz ungefährlich", „Die hat doch mehr Angst vor Dir", aber auch Unmutsäußerungen wie „Reiß Dich gefälligst zusammen" bewirken bei uns nichts, rein gar nichts. Sie dringen in dieser Situation nicht einmal zu unserem Verstand vor, denn dieser ist für eine kurze Zeit komplett ausgeschaltet!

Als ich diese Zusammenhänge herausgefunden hatte, war ich zunächst erleichtert. Ich musste mich also nicht mehr schämen, wenn ich Dinge tat, die der Situation vollkommen unangemessen waren (laut schreien, wegstolpern, Möbel umreißen, heulen, zittern etc.). Ich war ein

„Opfer" meiner eigenen Körperreaktionen und meiner normalerweise überlebenswichtigen Warnsysteme. Ich war nicht verrückt, wenngleich es sich tatsächlich um eine psychische Störung handelte. Diese war aber lediglich darauf zurückzuführen, dass es irgendwo tief in mir eine Blockade gab, die im Augenblick der Angst eine der Situation angemessene Reaktion verhinderte. Mehr nicht. Das war für mich zunächst einmal ein zumindest beruhigendes Gefühl. Noch beruhigter wäre ich aber ohne meine Phobie...

Das Fass läuft über

Im vorletzten Spätsommer hatte ich eine „Begegnung", von der ich mich tagelang nicht erholt habe. Es war die schlimmste Erfahrung meines Lebens im Zusammenhang mit der Phobie. Während meines anschließenden „Zusammenbruchs" stand selbst mein Mann fassungslos vor mir und erklärte hinterher, eine derartige körperliche Reaktion habe er noch nie gesehen, habe sich so etwas auch nicht vorstellen können.

Ich könnte jetzt hier beschreiben, was genau passiert ist, aber das will und werde ich Ihnen, liebe Leserin / lieber Leser, nicht zumuten. Ich erinnere mich noch, dass mich zufällig einen Tag später meine Schwester anrief. Sie fragte – wie üblich – als erstes nach meinem Befinden und ich antwortete: „Es geht mir schlecht". Ich schilderte ihr kurz den Grund, nicht aber die Art der Begegnung. Wörtlich sagte ich, dass ich ihr das nicht zumuten wolle und sie begrüßte das mit einem aus tiefstem Herzen kommenden „Danke".

Ich weiß, wie schlimm die Berichte von anderen für uns, die wir von dieser speziellen spezifischen Phobie geplagt sind, sein können. Mein Kopfkino sprang jedes Mal sofort an, wenn ich auch nur annähernd etwas in diese Richtung hörte und immer bat ich den Erzähler darum, sofort aufzuhören. Ich wollte keine Details wissen. Es war für mich eine zu große Qual.

In den folgenden Tagen nach der entsetzlichen Begegnung ging es mir richtig, richtig schlecht. Ich wusste nicht, wie ich den Herbst – es war traumhaftes Wetter, ein goldener Oktober wie er schöner nicht sein konnte – weiterhin „überleben" sollte. Ich habe wirklich manches Mal gedacht, es wäre besser tot zu sein, als mich der Gefahr auszusetzen, noch einmal eine solche Attacke überstehen zu müssen.

Gott sei Dank war mein Mann nach diesem Extremerlebnis sehr, sehr verständnisvoll und kümmerte sich rührend um mich. Er besorgte Insektenspray, das auch gegen kriechende Insekten wirkt, und bearbeitete damit unsere gesamte Wohnung. Auch suchte er für mich alle Ecken und Winkel ab und tatsächlich geschah dann zunächst in der Folgezeit nichts mehr. Die nächste Begegnung hatte ich erst wieder im folgenden Frühjahr. Dabei war die erneute Attacke nicht ganz so schlimm, sie war auch hausgemacht, denn mein Mann holte etwas von der Terrasse herein und (von ihm unbemerkt) damit auch einen verhassten Gast. Trotzdem stand danach für mich nun endgültig fest:

Ich brauchte eine Therapie!

Was kann mir helfen?

Ich war nun wild entschlossen, mich therapieren zu lassen. Ich hatte nur noch keine Ahnung, auf welche Weise und durch wen oder was. Leider war es für mich nur schwer möglich, nach diesem Thema zu googeln, denn – klar, ist ja nur ein Computer – was für Bilder erscheinen wohl, wenn man nach unserer spezifischen Phobie sucht? Ich konnte diese Fotos aber unmittelbar vor mir auf dem Bildschirm nicht ertragen, ich konnte sie vielmehr überhaupt nicht ertragen und deshalb war die Suche nach einer Therapie nicht leicht.

Einfacher wäre sicher eine medikamentöse Behandlung gewesen. Mit Hilfe der Pharmaindustrie und Arzneien ähnlich denen, die bei Depressionen verabreicht werden, könnte nämlich angeblich tatsächlich so etwas wie Angstfreiheit erzielt werden, das hatte ich vorher schon einmal irgendwo gelesen. Die Wirkung hält aber nur so lange an, wie die Medikamente auch eingenommen werden. Dabei sind unerwünschte Nebenwirkungen ebenso wie die Gefahr der Abhängigkeit nicht zu vernachlässigen. Betroffenen mit „unserer spezifischen Phobie" wird es daher nicht zu empfehlen sein. Die Phobie wird ja nicht täglich durchlebt, im Gegenteil sind es – auf das Jahr gesehen – doch wohl eher wenige Momente (die aber dafür umso schlimmer ausfallen). Es macht mithin keinen Sinn, täglich Medikamente zu schlucken, wenn Hilfe nur ab und zu gebraucht wird.

Tierphobiker werden daher vermutlich eher einer klassischen Therapie den Vorzug geben, denn mit einer guten Psychotherapie wird es vielleicht möglich sein, die Auswirkungen der Phobie zu lindern bzw. diese sogar ganz zu beseitigen.

Da ich genau wusste, woher meine Phobie stammt, schloss ich eine reine Gesprächs- bzw. Tiefenpsychologie-Therapie für mich aus. Es musste nichts mehr aus meiner Kindheit analysiert und/oder herausgefunden werden.

Auch eine Verhaltenstherapie kam für mich nicht in Frage. Ich konnte mir einfach beim besten Willen nicht vorstellen, dass dies bei meiner spezifischen Phobie irgendetwas gebracht hätte. Vor allen Dingen hatte ich ja auch gar keine Zeit, im Falle der Konfrontation mit dem Angstobjekt z.B. erst irgendwelche Atem- und sonstigen Entspannungsübungen durchzuführen. Eine Verhaltenstherapie ist sicherlich bei vielen Phobien prima einzusetzen. Wer beispielsweise Angst hat, auf eine Brücke zu gehen oder mit dem Bus zu fahren und wer eine Fahrstuhl- oder Tunnelphobie hat ist mit dieser Therapie bestimmt gut beraten. Man kann sich damit einstimmen, mental vorbereiten, atmen und – falls das nicht ausreicht – die „Gefahrensituation" notfalls auch sofort wieder verlassen. Ich aber habe keine Zeit. Meine Angstsituation kommt plötzlich und immer unerwartet. Ich kann mich auf nichts vorbereiten und muss sofort handeln. Solche Therapieformen schloss ich daher für mich gänzlich aus.

Konfrontationstherapie? Nein, Danke

Ich hatte schon öfter gelesen, dass im Rahmen der Verhaltenstherapien die sog. Konfrontationstherapien wahre Wunder wirken sollen. Es gibt dabei wohl auch verschiedene Methoden. Ich habe einmal zwei als Beispiele herausgepickt:

Bei sog. „Flooding" (Fluten bzw. Überflutung) wird der Betroffene – nach eingehender Information und Vorbereitung – dazu angeleitet, sich die für ihn schlimmste angstauslösende Symptomatik vorzustellen und möglichst detailreich zu visualisieren, um sich selbst in die damit einhergehenden Gefühle und Erlebnisse hineinzusteigern. Der Therapeut ist dabei stets anwesend. Wenn die Visualisierung und bewusste Angsterzeugung gut gelingt, wird der Betroffene nach einer gewissen Zeit eine Abnahme der Angst und der damit einhergehenden Gefühle und Gedanken ebenso wie auch der körperlichen Reaktionen verzeichnen. Der Betroffene lernt, dass er ab einem bestimmten Zeitpunkt wieder die Kontrolle über die Situation gewinnt, und nicht anders herum. Bis dahin muss er es allerdings erst einmal aushalten können. (Ich könnte das sicher nicht.)

Im Gegensatz zu anderen Konfrontationsverfahren wird also beim Flooding direkt mit der höchsten Stufe (d.h. der subjektiv schlimmsten Form der Angst) begonnen. Noch wirkungsvoller wird diese Art der Therapie in der realen Angstsituation (also auf einer Brücke bei Höhenangst, im

Keller bei Platzangst oder im direkten Kontakt bei einer Tierphobie, z.B. im Hundehaus des örtlichen Tierheims). Hierdurch soll eine vollständige Rückbildung der Angst erzielt werden können.

Bei meinen marginalen, weil für mich so schwierigen Recherchen stieß ich auch auf „Therapeuten", die bei der Flooding-Methode gleich zur stärksten Waffe greifen und in unserem Falle nicht nur mit Visualisierung, sondern sofort „am lebenden Objekt" arbeiten.

Es handelt sich um eine Praxis in Norddeutschland, die von einem Tierfilmspezialisten geleitet wird. Er besitzt vier der ach so lieben Riesen-Krabbler und nach nur einer einzigen zwei- bis vierstündigen Sitzung soll der Proband in der Lage sein, mit diesen Tierchen „zu spielen". Was für eine entzückende Vorstellung. Als ich davon las wurde mir schlecht.

Eine weitere Möglichkeit der Konfrontationstherapie wäre die langsame, systematische Desensibilisierung. Hierbei wird der Betroffene Schritt für Schritt an den Angstauslöser herangeführt, ebenfalls in Begleitung des Therapeuten. Zuvor hat der Betroffene verschiedene Entspannungstechniken erlernt und wird aufgefordert, diese vor der Konfrontation anzuwenden. Der Betroffene soll dadurch lernen, dass auch während der eigentlich „gefährlichen" Situation eine gewisse entspannte Haltung vorhanden sein kann. Je häufiger dies geübt wird, desto sicherer und entspannter soll der Betroffene bleiben und in der Lage sein, seine Ängste zu unterdrücken.

Bei uns in Düsseldorf, im Aqua Zoo, wird in der entsprechenden Abteilung eine solche Therapie angeboten. Auch dort handelt es sich bei dem dabei zum Einsatz kommenden lebenden Angstauslöser natürlich wieder um die größte Art der von uns so verhassten Tiere. Es soll nach der Therapie möglich sein, sich dem Tier angstfrei zu nähern und dieses sogar anzufassen. Nein, Danke!

Meine Angst vor derartigen Konfrontationstherapien war noch viel größer, als die Angst vor dem eigentlichen Objekt selbst. So etwas kam für mich daher überhaupt nicht und unter gar keinen Umständen in Frage. Selbst wenn man mir die Garantie gegeben hätte, dass es funktioniert, ich hätte viel zu viel Angst gehabt, um mich dort überhaupt anzumelden. Und eine Garantie gab es ja ohnehin nicht.

Aber selbst wenn ich mich hätte anmelden können, selbst wenn ich mich irgendwie überwinden und auf diese Methode hätte einlassen könnte, hieß das ja zunächst einmal noch nichts. Ich hatte nämlich auch schon davon gelesen, dass Betroffene eine Konfrontationstherapie mit den ganz großen Angstauslösern erfolgreich gemacht haben, bei der nächsten unvermuteten „Begegnung" mit einem viel kleineren Exemplar im eigenen häuslichen Bereich aber wieder genauso panisch reagierten, wie vor dieser Konfrontationstherapie.

Es ist ja auch ein gewaltiger Unterschied, ob man sich mental tagelang auf die „große Begegnung" mit einem absoluten Exoten vorbereiten und vor allen Dingen das Experiment ja ebenfalls jederzeit abbrechen kann, wenn man es nicht aushält, oder ob man sich – wie üblich plötzlich und unerwartet – an jeder x-beliebigen Stelle des Hauses mit einem kleineren oder größeren Angstobjekt konfrontiert sieht, das sich frei bewegt.

Wie auch immer, ob mit oder ohne Garantie, ich hatte vor dieser Methode schlicht viel zu viel Angst. (Ist das schon wieder eine neue Phobie? Die Angst vor der Anti-Angst-Therapie?)

Außerdem wäre es mir am liebsten gewesen, meine schreckliche Phobie nicht nur zu unterdrücken oder zu überwinden, indem ich mich an die Angstobjekte gewöhnen müsste, sondern ich stellte mir idealerweise vor, die Angst gänzlich auflösen zu können, quasi als wäre sie nie da gewesen. Ich wollte den Zustand erreichen, in dem sich diejenigen befinden, die eine solche Angst vor den kleinen Krabblern gar nicht kennen. Das musste doch irgendwie möglich sein. (Es war möglich, wie ich noch erzählen werde.)

Traditionelle, uralte Heilmethoden?

Ich bin ein realistischer und eher nüchtern denkender Mensch. An Homöopathie glaube ich nach dem legendären Spiegel-Artikel diesbezüglich nicht und Hypnose ist mir äußerst suspekt. Was, wenn der Hypnotiseur mir Dinge oder Verhaltensweisen „anhängt", die ich gar nicht will? Gegen Tierphobien soll wohl eine Hypnose ganz gute Ergebnisse erzielen, aber wie gesagt, für mich kam das nicht in Frage.

Allerdings bin ich durchaus ein Verfechter der sog. Ganzheitlichkeit, auch in der Medizin. Ich bin überzeugt, dass es richtig und wichtig ist, Körper, Seele und Geist immer als eine Einheit zu betrachten.

Um sich wirklich wohlzufühlen, reicht es nicht, nur den Körper gut zu pflegen. Der Geist will beschäftigt sein, die Seele will gestreichelt werden. Wellness-Hotel haben diesem ganzheitlichen Denken ihren Boom zu verdanken.

In Deutschland gibt es mittlerweile einen unglaublichen Fitnesshype. Ständig gibt es überall Sportkleidung, Joggingschuhe, Fahrradfunktionshelme, NordicWalking-Stöcke etc. im Angebot, oft sogar beim Discounter. Die überfitten Menschen ernähren sich auch alle so gesund, Powerfood ist im wahrsten Sinne des Wortes in aller Munde, Chia, Matcha, Goji etc. etc. Alle sind bestrebt, sich gut zu ernähren und in Bewegung zu bleiben. Für die seelischen Streicheleinheiten der Sportfanatiker gibt es locker sitzende Wohlfühlkleidung, Entspannungsmusik,

Duftkerzen usw. Es wird also alles getan, um den ganzen Menschen glücklich zu machen. Das ist sicher oft übertrieben, im Grunde aber natürlich nicht verkehrt.

In medizinischer Hinsicht konnte man in den letzten Jahren ebenfalls ein Umdenken hin zur Ganzheitlichkeit beobachten. So wird inzwischen vermehrt bei kranken Menschen auch gleich die Seele mitbehandelt, denn dann besteht eine größere Wahrscheinlichkeit auf Gesundung.

Als die Ehefrau eines Kollegen an Krebs erkrankte und danach mental in ein tiefes Loch fiel, sich um nichts mehr kümmerte, Behandlungen ablehnte und nur noch im Bett liegen wollte, sagte der behandelnde Arzt zu ihrem Mann: „Ihre Frau stirbt nicht am Krebs, sondern an der Diagnose, wenn sie sich nicht helfen lässt." Diese Aussage fand ich sehr bezeichnend.

Wer seinen Lebensmut verliert und sich dem Kampf gegen eine bedrohliche Erkrankung nicht stellt, hat weniger Überlebenschancen. Es kann sogar passieren, dass „lebensmüde" Menschen körperlich gesund sind, ihre fortdauernde Depression aber neben den psychischen auch physische Krankheiten verursachen kann. Ausgelöst werden diese dann durch ein ständig vorherrschendes Ungleichgewicht der Botenstoffe im Gehirn und den ständig erhöhten Stresshormonen. Es gilt also in jedem Falle, den Lebensmut zu stärken und Geist und Seele wieder in ein gesundes Gleichgewicht zu versetzen. Die „innere Harmonie" ist hier also der Schlüssel zum Erfolg.

Ich habe darüber im Zusammenhang mit der Recherche nach der für mich richtigen Therapie viel gelesen und bin alsbald bei der Traditionellen Chinesischen Medizin (TCM) gelandet:

Die Chinesen leben mit dem Ansatz der Ganzheitlichkeit schon seit über 3000 Jahren und die TCM ist ein Teil der chinesischen Kultur. Aus der Sicht der Chinesischen Medizin spielt die Harmonie des Yin und Yang der inneren Organe sowohl für die Gesundheit als auch für das Wohlbefinden eine entscheidende Rolle. Yin und Yang sind zwei entgegengesetzte Prinzipien, die sich immerfort gegenseitig beeinflussen. Ihr Wirken ist allgegenwärtig und unweigerlich auf den jeweils anderen Pol bezogen. Dabei ist es egal, ob das gesamte Universum, die Welt oder der Mensch betrachtet wird (*Auszug aus http://www.proenergetic.com*).

In der Traditionellen Chinesischen Medizin ist das Erkennen von Störungen im harmonischen Fluss von Yin und Yang die Grundlage der Diagnose; der Ausgleich solcher Störungen ist die Basis der Therapie. Dabei werden viele verschiedene Methoden angewandt. Die auch bei uns bekanntesten und geläufigsten Therapien dürften dabei wohl die Akupunktur und die Akupressur sein.

Bereits seit mehreren tausend Jahren geht man in China davon aus, dass der Energiefluss durch den menschlichen Körper in bestimmten Bahnen, den sog. „Meridianen", verläuft. Die gesamte menschliche Energie fließt dabei durch zwölf Hauptmeridiane, denen nach der Chinesischen Medizin bestimmte Organe, aber auch Funktionen zugeordnet sind; sie tritt darüber hinaus aber auch an über 700 Punkten an die Hautoberfläche.

Mit Hilfe der Akupunktur, d.h. dem gezielten Ansprechen bestimmter Hautpunkte, kann die Balance innerhalb eines gestörten Energieflusses wiederhergestellt werden. So wird durch die damit einhergehende Harmonisierung die gewünschte Wirkung, beispielsweise eine Schmerzlinderung, erzielt.

Die Therapie mit den spitzen Nadeln kommt bei zahlreichen medizinischen Problemfeldern zum Einsatz, z.B. bei Schmerzsyndromen aller Art, Lähmungen, akuten vegetativen und psychosomatischen Störungen, allergischen Erkrankungen, Erkrankungen der Atemwege, des Magen-Darmtraktes, der Haut, bei neurologischen, orthopädischen sowie gynäkologischen Erkrankungen und vielem mehr.

Immer öfter werden mittlerweile diese Therapien auch von den Krankenkassen bezahlt, denn ihre Wirksamkeit lässt sich schon längst nicht mehr leugnen.

Mit viel Erfolg wird daneben auch die Akupressur angewandt. Dabei handelt es sich um eine Massagetechnik, die auch chiropraktische Handgriffe umfasst. Sie wirkt besonders gegen rasche Ermüdung und Verspannungen. Auch allgemeine Befindlichkeitsstörungen werden durch Akupressur positiv beeinflusst. Durch diese besondere Art der Massage ist es möglich, die etwa in den Meridianen vorhandenen Energie-Stauungen aufzulösen, die oftmals durch Stress und schlechten Lebensstil entstanden sind.

Dabei drückt und/oder massiert der Therapeut mit kreisenden Bewegungen jeweils für mehrere Sekunden die einzelnen Schmerz- oder Akupunkte und arbeitet auch entlang der Meridiane. Schmerzzustände aller Art, vor allem an Kopf- und Bewegungsapparat, lassen sich so lindern oder sogar ganz auflösen. (*Auszug aus http://www.zentrumfuertcm.de*).

Viele Kopfschmerz-Geplagte wenden (oft unbewusst) diese recht einfache Form der Therapie immer wieder an. Bei leichterem Kopfschmerz genügt nämlich schon eine nur wenige Minuten dauernde leichte Massage beider Schläfen und der Druck im Kopf lässt nach. Ich habe das auch schon öfter – und mit Erfolg – gemacht, ohne zu wissen, dass es sich dabei um eine Methode der Akupressur handelt.

Im Grunde jedenfalls dreht sich bei der Traditionellen Chinesischen Medizin alles um folgende These:

Der Grund aller negativen Emotionen ist eine Störung im Energiesystem des Körpers

Das lässt sich zwar nur schwerlich beweisen, allerdings wird auch der Gegenbeweis nicht gelingen. Gleichwohl hat bereits Albert Einstein zu Beginn des vorigen Jahrhunderts festgestellt und nachgewiesen, dass alles, also auch der menschliche Körper, aus Energie besteht. Und Energie muss ungestört fließen können, damit es nicht zu Ausfällen kommt. Deshalb wird die obige Aussage zutreffen.

Meine Therapie, die ich nun im nächsten Kapitel beschreibe, fußt jedenfalls auf diesen Erkenntnissen. Und ich bin sicher, dass sich eine Milliarde Chinesen nicht über mehrere tausend Jahre irren können. Aber selbst Kritiker immer wieder erwähnen, dass das Vorhandensein der sog. Meridiane wissenschaftlich nicht nachweisbar ist, was heißt das schon? Das bedeutet jedenfalls nicht, dass sie nicht vorhanden sind, sondern lediglich, dass sie eben nicht nachweisbar sind. Vielleicht hat man die richtige Methode dafür einfach bis heute noch nicht gefunden.

Meine Therapie

Bevor ich meine Therapie gefunden habe und nachdem für mich definitiv feststand, dass es ohne eine solche nicht mehr weitergehen konnte, forschte ich – wie ich es immer mache – zunächst nach einem Buch. Bei der Amazon-Suche nach Büchern zu „unserer spezifischen Phobie" wurde ich allerdings nicht fündig. Es gibt zwar einige Werke, aber die kamen für mich nicht in Frage. Was denkt sich eigentlich ein Autor von Sp...angst-Büchern, wenn er auf dem Titelbild ein solches Tier, womöglich das größte seiner Art, abbildet? Ein Fachmann kann das jedenfalls nicht sein, schon gar kein Psychotherapeut und überhaupt dürfte der Autor keinerlei Ahnung davon haben, was in einem Sp...-Phobiker vorgeht. Wahrscheinlich handelt es sich eher um irgendeinen Hobbybiologen, der die Achtbeiner als Haustiere hält und der Welt erklären will, warum man vor diesen Tierchen keine Angst zu haben braucht.

Ein solches Buch hätte ich jedenfalls niemals in die Hand nehmen können, den Anblick konnte ich nicht ertragen. Ich lese meistens abends im Bett, aber ein solches Buch hätte niemals zur Bettlektüre getaugt. Mit an Sicherheit grenzender Wahrscheinlichkeit hätte ich bereits in der ersten Nacht geträumt, dass das Tier lebt und aus dem Titelbild herauskrabbelt...

Ich kaufte aber zunächst ein anderes Buch: „Selbsthilfe bei Ängsten, Phobien und Panikattacken". Obwohl die

Phobie im Titel bereits an zweiter Stelle steht, wurde sie leider in diesem Werk nur äußerst spärlich und nur am Rande behandelt. Im Wesentlichen ging es um Ängste im allgemeinen und Panikattacken im Besonderen. Ich habe mich darüber sehr geärgert, weil der Titel schlicht nicht halten konnte, was er versprach. Außerdem fühlte ich mich nicht ernst genommen, als ich den Satz las: „Falls Sie nur eine Sp...-Phobie haben", ... (ist alles nicht so schlimm, oder was?). Wegen dieser Phobie wollte ich beinahe lieber tot sein als leben und die Autorin spricht von „nur", als sei das ein Kinkerlitzchen. Zudem werden im weiteren Verlauf des Buches solch wahnsinnig hilfreichen Tipps wie „sich viel bewegen" und „ausgewogen essen" oder „meditieren", gegeben, gefolgt von zahlreichen Seiten mit Erläuterungen zu Nahrungsmittelergänzungen, Vitamin D, Magnesium und Omega-3-Fettsäuren. Diese Dinge haben doch in einem solchen Buch nichts verloren, oder sehen Sie das anders? Ausgewogene Ernährung als Allheilmittel und ein beliebtes Stilmittel, Buchseiten mit Inhalt zu füllen? Ich wollte nicht mein Leben verändern, ich wollte nur meine Scheiß-Phobie (Verzeihung) endlich loswerden! Außerdem lebe ich bereits sehr gesund.

Ich war wirklich sauer, wollte schon die erste Rezension meines Lebens bei Amazon hinterlassen, aber letztlich hatte das Werk für mich dann doch noch einen Nutzen. Ich bin nämlich in diesem Buch erstmals über die dann von mir schließlich mit Erfolg angewandte Methode „EFT" gestolpert. Das wurde letztlich meine Therapie und jetzt will ich Ihnen erzählen, wie es funktioniert und wie es mir geholfen hat. Und das ist jetzt auch der richtige Zeitpunkt, Sie liebe Leserin, lieber Leser, noch einmal zu bitten, die folgende Schilderung wertfrei, offen und unbefangen aufzunehmen. Mir ist klar, dass diese Methode nicht jedermanns Geschmack ist, manche werden das sicher auch als völligen Quatsch abtun, aber ich bitte Sie: Lehnen Sie es nicht von vornherein ab, denn, ich wiederhole mich ungern, aber was hat man in unserer Situation zu verlieren? Ein Versuch lohnt doch, oder meinen Sie nicht? Noch einige Monate zuvor hätte ich diese Methode vielleicht auch mit einem Kopfschütteln abgetan, aber nach dem letzten „Erlebnis" war ich inzwischen so fertig und so voller zusätzlicher Angst vor dem, was mich möglicherweise in einer (Konfrontations-)Therapie erwartete, dass ich mich im Grunde sogar recht freudig auf EFT einließ, da es so simpel und einfach und verlockend klang, dass ich gar nicht anders konnte. Ich habe jedenfalls nach der Buchlektüre weiter recherchiert und unendlich viele Kommentare mit nahezu ausschließlich positiven Erfahrungen zu EFT gefunden. Nur ganz wenige haben geschrieben, dass es bei ihnen leider nicht funktionierte (vielleicht haben sie etwas falsch gemacht?).

Heute bin ich dem Erfinder der Methode – und natürlich meiner Therapeutin – unglaublich dankbar, haben sie mir doch ein großes Stück Lebensqualität zurückgegeben. Ja, und auch mit dem o.g. Angst-Buch habe ich mich inzwischen versöhnt, denn ohne das wäre ich wahrscheinlich nicht auf diese phantastische Methode gestoßen. (Allerdings bin ich noch immer der Meinung, dass das genannte

Buch das Thema in weiten Teilen verfehlt und nicht hält, was es verspricht).

Jetzt will ich Sie aber nicht länger auf die Folter spannen und berichten, was EFT ist und vor allen Dingen, wie es mir geholfen hat, meine spezifische Phobie aufzulösen.

EFT ist zunächst einmal die Abkürzung für Emotional Freedom Technique (Technik der emotionalen Freiheit) und zählt zu den sog. energetischen Psychotherapien. Ganz einfach ausgedrückt handelt es sich bei dieser Methode um eine Art „Akupunktur ohne Nadeln". Statt mit Nadeln stimuliert man die vorgegebenen Meridianpunkte manuell. Da das System auch und gerade für die Selbstbehandlung konzipiert wurde, man aber nun nicht genau weiß, wo genau im Körper der Energiefluss gestört ist und die Blockaden liegen, nutzt man einfach sämtliche in Frage kommende Meridianpunkte und ist damit stets auf der sicheren Seite, auch die blockierten Stellen wirklich zu treffen.

Die Stimulanz erfolgt, indem man die Punkte auf der einen Seite des Körpers mit der Hand der anderen Seite leicht beklopft. Manche nennen es deshalb auch Klopfakupressur. Die Technik wird ganz überwiegend bei Stress- und Angststörungen eingesetzt. In den USA – dort heißt es Tapping – ist es inzwischen bereits seit 2012 als wissenschaftlich fundierte Methode anerkannt worden; in Deutschland tut man sich wie üblich noch etwas schwer. Skeptiker verbannen die Methode gerne in die Placebo- oder Esoterikecke. Tatsächlich sind wissenschaftliche Beweise auch nicht leicht zu führen, denn bei jeder Studie zur Wirksamkeit einer medizinischen Therapie wird die eine Gruppe der Probanden mit der zu erforschenden Methode behandelt, eine andere Kontrollgruppe aber nur mit einem Placebo. Doch wie sollte beim Tapping das Placebo aussehen? Man kann schließlich nicht nur so tun, als klopfe man auf den Körper, man kann das schlicht nicht einfach simulieren, das würde der Patient ja gleich merken. Eine derartige Vergleichsstudie scheidet damit aus.

Trotzdem ist EFT ein mächtiges Werkzeug zur Auflösung von Phobien, emotionalen Störungen und teilweise sogar auch physischen Problemen. Und diese Beschreibung war es letztlich auch, die mich sofort ansprach: Meine spezifische Phobie „auflösen", ja, genau das wollte ich! Sie sollte endlich weg sein und nicht nur „irgendwie aushaltbar" (wie es z.B. bei einer Konfrontationstherapie gelernt wird). Allerdings war es auch für mich zunächst einmal schwer, daran zu glauben, dass das einfache Beklopfen bestimmter Körperpartien tatsächlich die gewünschten Erfolge bringt und dazu auch noch sehr schnell wirkt. Aber schließlich habe ich mich darauf eingelassen, denn einen Versuch war es allemal wert.

Wenn Sie es selber ausprobieren möchten (wozu ich dringend rate, denn viele Angstpatienten haben damit großen Erfolg), dann können Sie natürlich auf Youtube nach entsprechenden Anleitungen suchen. Es gibt einige davon, wobei ich deren Seriosität nicht einschätzen kann. Alternativ gibt es natürlich auch zu diesem Thema zahlreiche mehr oder weniger wissenschaftliche Bücher.

Ich empfehle Ihnen aber gleichwohl – zumindest für das erste Mal – einen entsprechend ausgebildeten Therapeuten aufzusuchen. Auch wenn anderes versprochen wird, halte ich es nicht für klug, sogleich mit der Selbstbehandlung zu beginnen. Zwar kann man in Eigenregie kaum etwas falsch machen, aber möglicherweise machen Sie es nicht umfassend genug und wenn es dann nicht wirkt, sind Sie enttäuscht und geben der Methode die Schuld. Es ist ganz wichtig, dass Sie *alle* Aspekte Ihrer Angst aufgreifen und benennen können. Ein Therapeut, der auf EFT spezialisiert ist, wird mit Ihnen in kurzer Zeit die entscheidenden Aspekte erarbeiten und Ihnen eine auf Sie zugeschnittene richtige Anleitung zur Selbsttherapie geben können. Er wird Ihnen so mit an Sicherheit grenzender Wahrscheinlichkeit helfen können, Ihre Phobie aufzulösen. So wie bei mir.

Die meisten Betroffenen brauchen dabei sogar nur eine Sitzung. Ich brauchte zwar insgesamt drei, aber das lag sicherlich daran, dass ich auch bereits sehr, sehr lange – über 45 Jahre – unter der Phobie zu leiden hatte. Die erste Therapiestunde hat mich € 105 gekostet, die beiden weiteren je € 135 (jeweils für 90 Minuten). Ich finde, das ist ein absolut angemessener Preis, wenn man bedenkt, was es bewirkt hat. Leider zahlen die Krankenkassen diese Methode (noch) nicht. Aber egal. Hätte mir jemand gesagt: „Ich befreie Dich in zwei Wochen von Deiner Phobie, das kostet aber € 5.000", dann hätte ich eben einen Kredit aufgenommen. Die Aussicht, meine schreckliche Angst endlich loszuwerden, hätte ich notfalls auch noch mehr bezahlt. Die insgesamt von mir letztlich aufgebrachten € 375 erschienen mir dagegen lächerlich wenig.

Dabei muss ich der Vollständigkeit halber noch erwähnen, dass wir in der zweiten Stunde durch Zufall auf ein komplett anderes Thema zu sprechen kamen, das ebenfalls noch durch mich „bearbeitet" werden muss, aber rein gar nichts mit einer Phobie oder sonstigen Angststörung zu tun hat. Mehr als 60 der 90 Minuten der zweiten Therapieeinheit ging es um dieses völlig andere Thema. Für das Ergebnis der Angstfreiheit meiner in diesem Buch geschilderten „spezifischen Phobie" brauchte ich daher eigentlich strenggenommen nicht drei, sondern maximal zwei und ein bisschen Therapiestunden (mit entsprechend weniger Kostenaufwand).

Nachdem ich jedenfalls meine Therapeutin gefunden hatte (ich habe schlicht nach „EFT-Behandlung gegen Phobien" in meiner Nähe gesucht und die Fotografie der Dame auf deren Website war mir gleich sympathisch) vereinbarte ich den nächsten, schnellstmöglichen Termin. Mein Plan stand fest und ich wollte am liebsten sofort beginnen, wollte keine Zeit verlieren, der Herbst stand vor der Tür. Nur wenige Tage später saß ich dann einer ausgebildeten EFT-Therapeutin in ihrer kleinen gemütlichen Praxis in der Düsseldorfer Altstadt gegenüber.

Ich schilderte ihr mein Problem und auch, dass ich bereits wisse, wo die Ursache lag. Ich erzählte von den Attacken meines Bruders und davon, dass auch meine Mutter an der Phobie litt und ich es mir bereits bei ihr folgerichtig abgeschaut hatte. Weiter erzählte ich, dass auch meine

Tochter frühzeitig die gleiche Phobie ausgebildet hatte, offenbar da sie es wiederum von mir abgeschaut hatte.

Meine Therapeutin machte sie Notizen und dann schrieb sie die entscheidenden, für mich angstauslösenden Aspekte auf ein Flipchart.

Zuvor fragte sie mich – und das war ganz wichtig – wie ich meine Phobie auf einer Skala von 0 bis 10 bewerten würde, wenn 10 die stärkste Angst bedeutete. Die Antwort fiel mir leicht: „Elf" sagte ich, ohne eine Sekunde zu zögern. Gut. Sie notierte also eine dicke 10 als Gradmesser meiner Angst.

Dann fing sie an, alle ihr von mir geschilderten Einzelaspekte meiner Angst vor den Achtbeinern einzeln aufzulisten. Sie schrieb zu jedem Punkt ein oder mehrere Stichworte untereinander. Bei mir waren das folgende Aspekte, wobei ich für unser Angstobjekt hier drei Auslassungspunkte verwende. Am Flipchart stand es – mit gutem Grund – vollständig ausgeschrieben:

- Angst vor großen schwarzen ...
- Angst vor dicken, behaarten ...
- Angst vor braunen, sehr schnellen ...
- Angst, weil sie plötzlich irgendwo auftauchen
- Angst, weil sie sich plötzlich irgendwo abseilen könnten
- Angst, dass sie dabei auf meinem Kopf landen könnten
- Angst, dass mich eine plötzlich anspringen könnte
- Angst, weil man nie weiß, wo sie sich verstecken

- Angst, dass eine unter dem Bett ist
- Angst, dass eine über den Körper krabbelt
- Angst durch den Film Tarantula (als Kind in den 70er Jahren zufällig gesehen)
- Angst durch die Quälerei durch meinen Bruder
- Angst, weil auch meine Mutter und meine ältere Schwester Angst hatten
- Angst, bei einsetzender Dämmerung im Freien zu sitzen
- Angst, bei einsetzender Dämmerung die eigene Terrasse zu betreten
- Angst, den eigenen Keller und Waschkeller zu betreten
- Angst vor jedem (!) Herbst, weil die Viecher dann ins Haus kommen
- Angst, weil es in meinem Leben bereits mehrere echte körperliche „Berührungen" gab
- Angst, bei der nächsten „Begegnung" tot umzufallen
- Angst, langsam aber sicher deshalb verrückt zu werden.

Das waren eine Menge Gründe und das bedeutete auch, eine Menge Therapiearbeit. Tatsächlich sind mir die obigen Punkte auch nicht alle gleich auf Anhieb eingefallen, sondern einige erst im Verlaufe der Sitzung bzw. sogar erst in der nächsten Therapiestunde.

Jeden der oben genannten Punkte galt es nun „abzuarbeiten". Zuvor wurde noch ein sog. Einstimmungssatz notiert. Dieser lautete: Auch wenn ich diese schreckliche Sp...-Phobie habe, liebe und akzeptiere ich mich selbst.

Erst fand ich diesen Satz etwas albern. Ich liebe und akzeptiere mich immer selbst. Aber meine Therapeutin hat es mir erklärt: Im Grunde bin ich wohl das, was man eine „starke Frau" nennt. Ich habe mein Leben voll im Griff, bin selbständig und selbstbewusst. Ich lebe sehr lösungsorientiert; Probleme sind nur dazu da, um beseitigt zu werden. Ich hatte eigentlich alles in meinem Leben unter Kontrolle, bis auf ... Genau. Einzig die Phobie war mein größtes und für mich allein leider unlösbares Problem. In der Angstattacke nicht Herr meiner selbst und nicht fähig zu sein, meine Reaktionen zu steuern, setzte mir ordentlich zu. Ein echter Schwachpunkt eben. Deshalb war dieser Einstimmungssatz doch ziemlich wichtig. Sich trotz oder wegen eines solchen Schwachpunktes selbst zu akzeptieren und zu lieben, scheint nicht grundsätzlich selbstverständlich. Es ist ein Eingeständnis seiner Schwäche und damit hat mancher ein Problem. Den Einstimmungssatz mehrfach und laut auszusprechen hilft deshalb dabei, diese Schwäche als Teil seiner eigenen Persönlichkeit zu akzeptieren. Das ist sehr wichtig. (Diese entsprechende Erklärung fehlt übrigens in den meisten YouTube-Videos und das ist schon der erste Punkt, weshalb man sich wirklich zumindest einmal einem Fachmann anvertrauen und es nicht ausschließlich selbst probieren sollte).

Zu Beginn jeder Klopfakupressur wurde der o.g. Einstimmungssatz dreimal aufgesagt, während man mit drei Fingern der einen Hand leicht auf die äußere Handkante der anderen Hand klopft, jeweils etwa sieben bis zehn Mal zügig hintereinander. Dieser Handkantenpunkt hat beim EFT besondere Bedeutung und wird mehrfach „bearbeitet". Auch hierfür hatte meine Therapeutin selbstverständlich eine einleuchtende Erklärung. Sie wies mich dann noch darauf hin, doch einmal Menschen genauer zu beobachten, wenn diese beispielsweise nervös waren oder aufgeregt, etwa weil sie eine Rede halten mussten. Derartig Aufgeregte greifen manchmal automatisch mit der einen Hand an die äußere Handkante der anderen und drücken oder massieren diese Stelle leicht. Tatsächlich habe ich dieses Verhalten im Nachhinein einmal in einem Krimi gesehen, als der Mörder zum ersten Mal von der Polizei vernommen wurde und sehr damit beschäftigt war, jeglichen Verdacht von sich zu weisen. Er rieb dabei ohne Unterlass eben diese Stelle an seinen Händen. Die Handkantenakupressur ist nämlich ein außerordentlich wirksames Mittel zur Beruhigung und wird (meist allerdings nur unbewusst) häufig angewendet.

Nach meinem Tapping mit dem Einstimmungssatz ging es dann jedenfalls weiter:

Meine Therapeutin machte mir jede Übung vor und ich machte ihr spiegelgleich alles nach. Es wurden insgesamt 16 verschiedene Punkte am Kopf, Körper und den Händen genutzt. Jeder Punkt wurde dabei wiederum etwa bis sieben bis zehn Mal leicht geklopft und an jeder Stelle wurde ein Aspekt der Angst laut aufgesagt, also z.B. am Kopf beginnend „meine schreckliche Sp...-Angst", dann ohne Pause weiter zu den Punkten im Gesicht „große, schwarze Sp...", nächster Klopfpunkt: „dicke behaarte Sp...", nächster Punkt: „tauchen plötzlich irgendwo auf", nächster Punkt – immer weiter klopfend: „verstecken sich irgendwo" usw. tap, tap, tap...

Es wäre gut, wenn man dabei tatsächlich mindestens 16 Aspekte zur Verfügung hätte, dann könnte man pro „Klopftour" alle einmal aussprechen. Bei unserer spezifischen Phobie sollte es auch leicht sein, entsprechend viele Punkte zu finden. Wenn einem aber partout keine 16 einfallen wollen, wiederholt man, nachdem alle einmal durch sind, für die übrigen Klopfpunkte einfach wieder das Generalthema „meine schreckliche Sp...-Angst".

Ich weiß, für jemanden, der noch nie davon gehört hat, klingt das jetzt alles sehr, sehr merkwürdig, seltsam oder vielleicht auch versponnen. Mir ging es im ersten Moment, als ich von der Methode las, genauso. Wenn Sie aber erst einmal gemerkt haben, wie wohltuend und entspannend das Tapping wirkt, und wie rasch es Ihre Ängste tatsächlich auflöst, werden Sie keinen Gedanken mehr daran verschwenden, dass diese Methode anfangs irgendwie komisch anmutet.

Es ist zwar für den gesunden Menschenverstand nur schwer nachvollziehbar, wie das Tapping eigentlich funktionieren soll. Auf der anderen Seite, mal ganz ehrlich: Können Sie denn erklären, warum und wie eine Schmerztablette beispielsweise gegen Kopfschmerzen wirkt? Woher weiß der Wirkstoff, an welcher Stelle er im Körper gebraucht wird? Und warum kann Akupunktur ebenfalls Kopfschmerzen lindern oder von anderen Beschwerden befreien oder sogar Raucher zu Nichtrauchern machen? Warum hilft eine Fußreflexzonenmassage gegen Migräne oder Erschöpfungszustände und verhilft zu einem insgesamt besseren Schlaf?

Man muss das alles nicht verstehen, trotzdem kann man es anwenden. Und ganz nebenbei gilt immer noch die alte Weisheit: „Nichts ist so überzeugend, wie der Erfolg". Selbst wenn also keiner genau weiß, was bei der Klopfakupressur im Körper passiert – wichtig ist doch nur das Ergebnis. In unserem Fall bedeutet das, endlich von der schrecklichen Angst, endlich und vor allem für immer von unserer fürchterlichen spezifischen Phobie befreit zu werden.

In meiner ersten Sitzung bin ich mit meiner Therapeutin die einzelnen Körperregionen klopfend dreimal durchgegangen, dann fragte sie mich, was ich empfände. „Ganz ehrlich", war meine Antwort: „nichts". Ich war viel zu sehr damit beschäftigt, die richtigen Punkte zu treffen und ihr die vorgesprochenen Sätze nachzusprechen. Das sagte ich ihr auch. Ich machte dadurch zwar alles augenscheinlich richtig, fand jedoch dabei keinen Zugang zu meiner Phobie. Diese sollte aber „aufgelöst" werden. Die Voraussetzung dafür war wiederum, dass ich vor und während der Klopfakupressur eine „Verbindung" zu meiner Angst aufbaute. Irgendwie war ich jedoch trotz aller Mühe nicht richtig in der Lage, mich in die Angstmomente hineinzuversetzen.

Meine Therapeutin fragte mich dann, ob sie mir auf ihrem Smartphone ein Bild von meinem „Angstobjekt" zeigen dürfe. Sie wolle sehen, wie ich reagiere und ob und wie schnell ich durch das Tapping positiv beeinflussbar war. Obwohl mich das nun doch sehr an eine von mir eigentlich nicht gewollte Konfrontationstherapie erinnerte, war ich einverstanden. Ich wollte die Sache jetzt nicht abbrechen. Wenn es denn – für mich – keinen anderen Weg gab, weil ich meine Angstgefühle nicht auf Anhieb „abrufen" konnte, sollte es ebenso sein. Zudem hatte meine Therapeutin nur ein sehr kleines Smartphone mit einem entsprechend kleinen Bildschirm. Außerdem saß sie gut einen Meter von mir entfernt, ich würde den Achtbeiner also kaum sehen können. Dachte ich. Tatsächlich suchte sie dann sogleich im Internet ein Bild aus und fragte, ob ich bereit sei. Sie hielt dabei das Handy am ausgestreckten Arm noch weit hinter sich, d.h. noch weiter von mir entfernt, als sie ohnehin schon saß. Als ich meine Bereitschaft bejahte drehte sie das Smartphone dann langsam um und ich konnte das Bild sehen.

Ich habe nur eine Zehntelsekunde hingeschaut, dann musste ich meinen Blick schon abwenden und mir schossen unmittelbar die Tränen in die Augen. Ich konnte mich nicht mehr halten, ich fing tatsächlich an zu zittern und zu weinen. Meine Therapeutin legte sofort das Handy weg und rutschte mit ihrem Stuhl an mich heran. Zuvor hatte sie mich noch gefragt, ob sie bei mir klopfen dürfe, wenn ich auf das Foto zu emotional reagieren sollte. Ich hatte dem zugestimmt und nun – während ich inzwischen ziemlich hemmungslos weinte – führte sie die Klopfakupressur an meinen rechten Arm, meiner Handkante und meinen Fingern durch und sprach dabei beruhigend auf mich ein.

Durch das Tapping (oder ihre Worte, oder beides?) wurde ich umgehend ruhiger und hatte mich wieder im Griff. Das Weinen hörte auf. Nachdem ich mich vollends beruhigt hatte, fragte sie, ob ich mir das Foto noch einmal anschauen könne. Inzwischen fühlte ich mich stark genug und bejahte. Sie zeigte mir dann erneut das Smartphone mit dem Foto des Angstobjekts. Dabei saß sie immer noch dicht bei mir. Bei diesem zweiten Versuch konnte ich überraschenderweise das Bild völlig problemlos betrachten und musste weder meinen Blick abwenden, noch kamen mir die Tränen. Einen Schritt weitergehend fragte sie, ob sie mir das Handy auf den Schoß legen dürfe. Auch das war für mich kein Problem mehr. Ich konnte das Tier vollkommen angstfrei anschauen und erst als es so nah bei mir war, stellte ich fest, dass es sich noch nicht einmal um ein lebendes, sondern nur um ein Dekorationstier aus Plüsch handelte. Von weitem sah es aber extrem echt aus. Jedenfalls hatte ich bei dieser Aktion ganz schnell gemerkt, welchen erstaunlichen Einfluss das Tapping bei mir hatte. Die Therapiestunde war dann auch kurz darauf beendet und ich verabredete sogleich einen weiteren Termin für die darauffolgende Woche.

Zu Hause wandte ich in der Zwischenzeit bis zur nächsten Therapiestunde die Klopftherapie weiterhin an. Ich machte die „Tour" über alle 16 Körperpunkte einmal am Tag und fühlte mich unglaublich gut.

Beim zweiten Termin mit meiner Therapeutin sprachen wir erneut über meine Erfahrungen und Erlebnisse im Zusammenhang mit meinem Angstobjekt, da mir in der Zwischenzeit noch einige weitere Aspekte eingefallen waren. Wir klopften gemeinsam eine Runde und dann fragte mich die Therapeutin wiederum, ob ich mir zutraute, ein weiteres Bild anzuschauen. Ich bejahte sofort, fühlte mich stark und war überzeugt, dieses Mal nicht in Tränen auszubrechen. Dasselbe Procedere begann. Wieder zeigte sie mir erst aus der Ferne ihr kleines Smartphone, aber im selben Moment, in dem ich das Tier sah (es war ein ganz anderes Bild, noch ekeliger), schossen mir dann doch wieder die Tränen in die Augen. Es wiederholte sich alles, erneut rutschte die Therapeutin an mich ran und erreichte binnen weniger Minuten durch Tapping auf meinem Arm bzw. an der Hand meine absolute Beruhigung. Auch dieses Foto des Angstobjekts konnte ich anschließend vollständig aus der Nähe und auf meinem Schoß liegend begutachten, ohne dass noch irgendeine negative Reaktion zu spüren war. Die Therapeutin lobte mich und erklärte, ich sei bereits auf einem sehr guten Weg.

Nach dieser Stunde vereinbarte ich vorsorglich aber noch einen weiteren Termin für die darauffolgende Woche. Ich wollte auf der ganz sicheren Seite sein. Bereits am selben Tag, also noch nach der zweiten Sitzung, spürte ich aber bereits eine deutliche Veränderung:

Wie üblich musste ich nachts zur Toilette und als ich zurück ins Bett ging und das Licht löschte merkte ich, erst als es wieder dunkel war, dass ich die Decke und die Wände nicht „gescannt" und nach Kriechtieren abgesucht hatte. Ich überlegte einen Moment, ob ich das Licht wieder anmachen und nachsehen sollte, ließ es dann aber doch bleiben. Es war mir plötzlich gleichgültig. Sollte doch etwas dort sein, mir egal, ich schloss die Augen und schlummerte selig wieder ein.

In den folgenden Nächten – bis heute – geschah das gleiche. Seit diesem Tag mit der zweiten Therapiestunde musste ich nie wieder erst die Wände absuchen, wenn ich ein Zimmer betrat. Dieser Zwang war vorbei, die dahinterstehende Angst offenbar bereits „gelöscht". Ich war überglücklich.

Die Tage bis zur dritten und letzten Therapiestunde verbrachte ich wieder mit jeweils einer Klopftour. Als ich dann erneut in der Praxis saß, schaute ich mich doch zunächst etwas verstohlen um. Irgendwie hatte ich das Gefühl, es würde mich jetzt dort ein lebendes Angstobjekt (war es das überhaupt noch?) erwarten. Aber dem war nicht so und die Therapeutin versicherte mir, ein so drastisches Mittel noch nie eingesetzt zu haben.

Wir sprachen erneut über meine Ängste im Zusammenhang mit der Phobie und ich schilderte ihr erfreut, dass mein Kontrollzwang, abends die Wände abzusuchen, bereits vollständig verloren war. Das verwunderte sie gar nicht weiter, sie war ohnehin überzeugt, dass meine Phobie in Bälde gänzlich ausgelöscht wäre.

Recht schnell in dieser Stunde fragte sie, ob ich bereit wäre, erstmals ein entsprechendes Video mit den Angstobjekten anzuschauen. Ganz kurz bekam ich feuchte Hände und mein Herz schlug etwas schneller, dann aber stimmte ich zu, bat aber darum, das Video zunächst aus einer etwas weiteren Entfernung ansehen zu dürfen. So geschah es dann auch. Sie hatte eines von diesen YouTube-Alltagsvideos ausgesucht. Jemand hatte ein besonders schnelles und recht großes Angstobjekt in seiner Werkstatt gefilmt. Das Intro des kleinen Filmchens war aufgemacht wie ein Hollywood-Horrorstreifen und auch im Film selber gab es eine Sequenz – aufgenommen aus allernächster Nähe – in welcher der Achtbeiner beim Versuch, irgendwohin zu fliehen, mit unglaublicher Geschwindigkeit frontal auf den Betrachter zuläuft.

Zu meiner größten Überraschung konnte ich den Film ohne jeden Angstgedanken und ohne irgendeine körperliche Reaktion anschauen, und zwar erst aus der Ferne und dann in der Wiederholung nochmals, während das Handy wiederum auf meinem Schoß lag. Die Therapeutin musste nicht einmal an mich heranrücken und meinen Arm bearbeiten. Sie erzählte von ihrem Platz aus nur ein bisschen, während der Film lief. Sie hatte Mitleid mit dem Tier, denn letztlich suchte es ja nur einen Fluchtweg, es hatte Todesangst, aber in welche Richtung es auch lief, immer war da der Depp mit der Kamera. Außerdem hatte sie Mitleid mit allen Exemplaren dieser Spezies, denn sie waren ja wirklich hässlich und durchaus ekelerregend. Es muss ein schreckliches Leben sein, von allen gehasst zu werden und in dauernder Todesangst zu schweben und zwar nicht nur vor den eigentlichen Fressfeinden, sondern auch vor dem Menschen, der zum Mörder wird, nur, weil er den Anblick nicht ertragen kann. Dabei wollen sie gar nichts vom Menschen. Sie haben gar kein Interesse an ihm und haben ihrerseits größte Angst, sollten sie aus Versehen in seine Nähe geraten. Tatsächlich suchen sie zu bestimmten Jahreszeiten ja auch nur Schutz vor der Kälte. Sie gehorchen nur ihrem eigenen Überlebenstrieb.

Während dieser Worte sah ich den Film ein drittes Mal und ich spürte keinerlei körperliches Unwohlsein. Und plötzlich hatte ich fast auch ein bisschen Mitleid. Waren das wirklich meine Gedanken? Ich hatte Mitleid mit einem Achtbeiner? Ja tatsächlich, so war es wohl. Ich sagte das meiner Therapeutin auch und sie meinte, das wäre ein toller „Anker", sollte meine Angst möglicherweise noch einmal zurückkommen. Sie zeigte mir dann auch noch einen bestimmten Klopfpunkt am Körper, an dem es durchaus Sinn machte, die zu sprechenden Sätze auszutauschen. Anstatt „meine Sp...-Angst" könnte man an diesem Punkt – aber nur an diesem! – auch sagen: „Die Sp... hat Todesangst vor mir, ich brauche aber keinerlei Angst zu haben". Nach dem Filmchen war ich begeistert und tief beeindruckt und irgendwie sogar auch ein bisschen stolz auf mich selber.

Wir sprachen anschließend über die weitere Vorgehensweise. Die Therapeutin machte mir klar, dass ich *keine* weitere Stunde bei ihr bräuchte. Ich fand das sehr anständig. Als Geschäftsfrau hätte sie mir natürlich auch erklären können, dass ich unbedingt noch weitere Stunden benötigte, aber sie tat es nicht. Sie war sicher, mir alles Notwendige beigebracht zu haben und war überzeugt, dass, wenn ich noch einige Male weiter tappen würde, meine Phobie gänzlich verschwinden würde. Sie fragte mich dann schließlich zum Ende noch, wo ich denn nunmehr meine Angst einstufen würde auf der Eingangsskala von 0 bis 10. Tja, ich musste lange darüber nachdenken. Angst hatte ich eigentlich überhaupt keine mehr. Allerdings wusste ich natürlich noch nicht, wie ich bei der nächsten realen „Begegnung" reagieren würde. Sie fragte nochmals nach einer Einordnung in die Skala, sie wollte eine Zahl von mir hören und ich schätzte mal vorsichtig, dass meine Angst vielleicht irgendwo bei „2 bis 3" läge. Ich konnte das nicht weiter erläutern, aber jedenfalls war ich mehr als deutlich extrem weit von meiner ursprünglichen „11" entfernt.

Ich war meiner Therapeutin sehr, sehr dankbar und versprach, von meinen Fortschritten und/oder meinen Begegnungen via Mail zu berichten. Ich ging nach Hause und fühlte mich „geheilt".

Die Befreiung

In der Theorie war ich nun von meiner Phobie befreit, da war ich mir sicher. Ob das auch in der Praxis so sein würde, musste sich allerdings erst noch zeigen.

Die erste „Begegnung" nach der Therapie ließ aber nicht lange auf sich warten. Genau eine Woche später (erstaunlicherweise zur üblichen Therapiezeit, also genau Punkt acht Uhr morgens) fand ich ein Angstobjekt in meinem Badezimmer. Es saß auf einem auf dem Boden neben dem Wäschekorb liegenden Handtuch (mein Mann ist meist zu faul, den Deckel des Wäschekorbs anzuheben). Ich registrierte das Tier ohne jede körperliche Reaktion oder Emotion und ging in die Küche, um ein Glas zu holen. Dieses stülpte ich (ich!) über das Angstobjekt und trug es mit dem Handtuch hinaus auf die Terrasse. Dort stellte ich Handtuch und Glas auf einem Tisch ab und besah mir das Tier noch einmal aus der Nähe (und platzte fast vor Glück und Stolz, dass mir das – ohne jedes negative Gefühl – überhaupt möglich war). Um die Freilassung sollte sich später aber mein Mann kümmern, dem ich stolz erzählte, dass es mir gar nichts ausgemacht habe, das Tier zu fangen. Er erwiderte nur, dass es bestimmt winzig klein sein müsse und war selber überrascht, als er ein zwar relativ dünnes, aber in seinen Ausmaßen doch recht stattliches Exemplar in dem Glas vorfand. Dass ich dafür von meinem Mann ein ganz besonderes Lob erwartete, war leider von ihm zu viel verlangt. Er meinte nur, das Geld für die Therapie müsse sich ja gelohnt haben.

Für mich aber war diese Aktion eine unglaubliche Befreiung, es war der Beweis, dass die Therapie gewirkt hatte. Was mir drei Wochen vorher noch völlig unwahrscheinlich vorkam, dass ich nämlich nach all den Jahren bzw. sogar Jahrzehnten des Leidens in der Lage wäre, einen Achtbeiner selbständig zu entfernen, und zwar ohne zu Kreischen oder halb in Ohnmacht zu fallen, war Realität geworden. Meine Amygdala arbeitete wieder wie es sich gehört, die Blockade war offenbar gelöst. Als habe ich nie unter der Phobie gelitten, bewertete mein im Gehirn sitzender Mandelkern die von dem Tier im Bad ausgehende „Gefahr" als nicht vorhanden und ließ mich wie einen vernünftigen Menschen ohne entsprechende Ängste handeln. Ich war so stolz auf mich, ich war so glücklich, ich glaube den Rest des Tages bekam ich das Grinsen nicht mehr aus meinem Gesicht. Ich hätte die ganze Welt umarmen können.

Bereits wenige Tage später (es war inzwischen der früher von mir ach so verhasste Herbst eingetreten) hatte ich eine weitere Begegnung. Diese gehört allerdings wieder zu jenen, die ich hier aus Rücksicht auf Sie liebe Leserin/lieber Leser, die Sie ja noch-Phobiker sind, nicht schildern möchte. Nur so viel: Das Angstobjekt befand sich sehr nah vor meinen Augen. Tatsächlich erschrak ich auch, aber nur eben so viel, wie man beispielsweise erschrickt, wenn man aus Versehen irgendwo anstößt. Es

war eine Millischrecksekunde, es gab aber daneben keinerlei weitere körperliche Reaktion. Wieder war ich – selbst im Angesicht des Angstobjektes, das ja nun keines mehr war – glücklich.
Ich war frei!

So ist es bis heute geblieben und ich glaube nicht, dass es noch einmal einen Rückfall geben kann. Ich habe mich seit der Therapie viel mit diesen Tieren beschäftigt. Nachdem die Angst erst einmal beseitigt war, ging ich in Buchhandlungen und sah mir entsprechende Bücher an. Ich googelte nach Dokumentationen und sah mir entsprechende Videos an. Ich las auf Wikipedia viel über einzelne und besondere Arten und die jeweils aufploppenden Bilder störten mich in keiner Weise. Das alles war vor der Therapie völlig undenkbar.

Mein Kontrollzwang ist unverändert bis heute gänzlich aufgehoben, ich fürchte mich seitdem weder vor dem Aufenthalt bei Dunkelheit im Freien, noch vor irgendwelchen Kellern. Und ich fürchte mich nicht mehr vor dem Herbst. Vielmehr kann ich mich jetzt uneingeschränkt darauf freuen, denn eigentlich mag ich ihn – wegen seiner unglaublichen Farbenvielfalt in der Natur – sehr.

Ich habe allerdings nicht angefangen, die ehemaligen Angstobjekte nun plötzlich zu lieben, und ich will auch keines als Haustier im Terrarium halten. (Ich hatte gelesen, dass sich manche Leute nach einer Konfrontationstherapie einen großen Achtbeiner als Mitbewohner anschaffen. Man nennt das dann wohl „Überkompensation").

Nein, ich mag sie immer noch nicht, aber sie flößen mir keinerlei Angst mehr ein. Sie sind mir gleichgültig, ich ignoriere sie im Freien bzw. außerhalb meiner Wohnung, z.B. im Keller. Sollten sie aber in meine Wohnung eindringen, müssen sie nach wie vor entfernt werden. Entweder geschieht dies durch Hinaussetzen mittels Glas, oder, sollte das nicht möglich sein, weil sie z.B. in einer Ecke an der Decke sitzen, dann müssen sie leider nach wie vor mittels Staubsauger eliminiert werden. In meiner Wohnung haben sie einfach nichts zu suchen. Das Entfernen kann ich aber nun ohne Panik, ohne Heulen und Zähneklappern erledigen, genauso, als wenn ich eine Stubenfliege aus der Wohnung jage oder erschlage. Und ich muss im Nachhinein auch nicht mehr tagelang an solche Situationen denken, wie es vorher durchaus stets der Fall war.

Meine schreckliche Angst, meine ausgewachsene Phobie ist Geschichte und das allein dank einer erfahrenen Therapeutin und drei (bzw. zweieinhalb) Sitzungen in einem Zeitraum von nur 14 Tagen!

Ich danke dem Begründer von EFT und meiner Therapeutin nochmals von ganzem Herzen. Diese Methode hat mir – und sicherlich weiteren Tausenden und Abertausenden Menschen weltweit – geholfen, eine völlig irrationale Angst ins Nichts aufzulösen. Und ich wünsche Ihnen, dass Sie jetzt auch neugierig genug und bereit sind, es zu versuchen. Ich wünsche Ihnen, dass Sie sich in kurzer Zeit genauso befreit fühlen wie ich mich fühle und dass Sie nie,

nie wieder unter der schrecklichen Spinnenangst zu leiden haben. Trauen Sie sich, probieren Sie es aus – Sie haben nichts (!) zu verlieren, aber alles zu gewinnen.

Ich wünsche Ihnen jedenfalls für Ihre Zukunft alles, alles Gute und danke für Ihre Aufmerksamkeit!

Charlotte Tann-Hochberg

Interessante Links

Meine Therapeutin in Düsseldorf

http://www.stefaniemenz.de/

Alles über EFT in deutscher Sprache

http://www.eft-info.com/index.html

EFT für hochsensible Menschen

http://www.eft-fuer-hochsensible-menschen.de

Dachorganisation EFT Deutschland/Österreich/Schweiz

http://www.eft-dach.org

Zeit zu leben

http://www.zeitzuleben.de/eft-bitte-klopfen/